Jacques CLAVIEZ

DIRIGER UN PROJET INFORMATIQUE

Les secrets des consultants

2ème édition

**Éditions
J.C.i. inc.**

Diriger un projet informatique

Ce livre a été tout spécialement conçu pour les personnes qui veulent en savoir plus sur le métier de directeur de projet. Il présente les informations de manière attrayante pour acquérir progressivement toute l'expertise nécessaire.

Les images, programmes, copies d'écrans et exemples présentés dans cet ouvrage le sont à titre d'illustration et peuvent être différents dans la réalité. En conséquence, les procédures et manipulations décrites ainsi que cet ouvrage sont vendus en l'état, et l'acheteur supporte tous les risques en ce qui concerne leur qualité et fonctionnement. Tous les logiciels, ordinateurs et marques cités dans cet ouvrage sont des marques de commerce déposées et ne sont citées qu'à titre d'exemple. Bien que l'auteur ait testé les procédures et manipulations décrites dans cet ouvrage et revu leur contenu, ni l'éditeur, ni l'auteur n'offrent de garantie, expresse ou tacite, concernant l'ouvrage ou les procédures qui y sont décrites.

Données de catalogage avant publication (Canada)

CLAVIEZ, Jacques
DIRIGER UN PROJET INFORMATIQUE
Les secrets des consultants
2ème tirage
Comprend des réf.érences bibliographiques et un index
ISBN : 2-921599-00-7

1. MERISE (Méthode de conception de systèmes). 2. Systèmes (conception de) 3. Informatique - Gestion. 4. Systèmes d'information. 5. Gestion de projets I. Titre. II. Collection : Collection Informatique (Montréal, Québec)

QA76.9.S88C42 1993   004.2'1   093-096905-7

Dépôt légal - Bibliothèque Nationale du Canada, 1993, 1997

Diffusion au Canada
et aux États-Unis :
DIFFULIVRE
817, Mc Caffrey
St-LAURENT (Québec)
H3K 1G6 Canada
tél. (514) 738 2911
fax (514) 738 8512

PLAN

(Voir la table des matières détaillée plus loin).

III

L'AUTEUR

Ingénieur en Informatique, Jacques CLAVIEZ totalise plus de vingt-neuf années d'expérience dans ce domaine. Il est l'auteur de plusieurs ouvrages[1] sur les techniques informatiques et bureautiques.

TABLE DES MATIÈRES

Diriger un projet

Table des matières

Diriger un projet

VIII

Table des matières

Diriger un projet

Table des matières

XI

PRÉFACE

Il y a mille et mille façons de rater un projet, qu'il soit informatique, industriel ou financier, qu'il s'agisse de construire un bâtiment, une ville, un stade, une autoroute, une usine, une société d'investissement, un logiciel de contrôle budgétaire ou un nouveau système de gestion de production. Si on les laisse faire, sans les diriger de main de maître, les projets ont tendance à dériver, à durer plus longtemps que le délai prévu, à coûter plus cher que le budget alloué et même, comble de l'écart, à ne pas faire exactement ce qui était pourtant décrit dans le cahier des charges.

Plus de vingt-cinq ans de métier, que ce soit à la tête de l'informatique d'une société d'ingénierie (Sofresid), d'une société industrielle (Case Poclain) ou d'une société de services (EDS-GFI) dont j'ai managé les activités de Génie Logiciel, de Conseil et d'Intégration de Systèmes de communication, m'ont personnellement confronté à des centaines de cas où il m'a fallu marcher avec mes équipes, tel un guide de haute montagne encordé avec des alpinistes chevronnés, sur les arêtes, oh combien étroites, qui séparaient les versants abrupts plongeant dans la vallée de l'échec. En montagne comme en informatique, les lois de la pesanteur sont telles qu'il est cent fois plus facile de laisser glisser le planning, déclencher une avalanche de suppléments budgétaires ou chuter dans l'abîme des fonctions oubliées en entraînant avec soi collègues et utilisateurs, que d'atteindre le sommet à temps, sains et sauf, par le chemin prévu.

En livrant dans cet ouvrage "les secrets des consultants", Jacques Claviez remplit une mission que je pourrais presque qualifier d'humanitaire. Non pas que les consultants soient une secte aux rites confidentiels qu'un auteur investigateur aurait enfin eu le courage de percer et l'audace d'en diffuser les pratiques, mais parce que la réussite de la conduite des projets informatiques est un art que le bon nombre de chefs de projets pratique de manière plus ou moins innée.

XII

Préface

Pour progresser dans la maîtrise de la direction de projets, il y a quatre étapes :

❶ l'expérience personnelle qui permet, au fil des projets, d'éviter de manière plus ou moins intuitive, de commettre une seconde fois les erreurs commises dans les projets passés : dans ces conditions, je pourrais vous recommander de n'embaucher que de très vieux collaborateurs, pouvant témoigner honnêtement d'un grand nombre d'échecs, en espérant qu'ils auront ainsi moins de chance de "planter" votre futur projet ;

❷ la mise en commun, dans un bêtisier, des erreurs les plus fréquentes détectées par le groupe et la rédaction plus ou moins formelle de quelques règles (pompeusement appelées "méthodes XYZ") qui deviennent le savoir-faire de l'équipe : il est rare que de telles règles sortent de l'anonymat et elles se perdent vite dès que l'équipe évolue, car les équipes se font et se défont et la mémoire collective s'estompe ;

❸ le partage large et structuré de l'expérience de nombreux professionnels, au travers de cours, de séminaires professionnels, s'appuyant sur des ouvrages pragmatiques et bien construits, qu'il est loisible au lecteur de lire à son rythme, dans l'ordre qui lui convient le mieux et auxquels il pourra revenir quand le moment s'en ferra pressant : c'est l'approche retenue par Jacques Claviez ;

❹ enfin, la théorie et la mise au point de méthodes infaillibles, conduisant de manière inéluctable au succès, décrivant point par point toutes les tâches à réaliser, toutes les questions à poser, tous les cas particuliers et toutes les alternatives possibles : basées sur les mécanismes de l'intelligence artificielle et s'appuyant sur des systèmes experts puissants et des bases de connaissances volumineuses, ces méthodes s'enseigneront à l'Université qui formera ainsi des chefs de projets pré-programmés, sans «bugs», auxquels il suffira à un chef d'entreprise de donner les objectifs pour être certain d'avoir, dans le délai promis, pour le prix fixé, les fonctionnalités souhaitées... on peut rêver.

Jacques Claviez a choisi la voie numéro 3. Elle est sage et raisonnable. Elle s'appuie largement sur l'expérience et couvre de manière simple et pragmatique la majorité des aspects qu'il convient de surveiller.

XIII

Diriger un projet

J'aime ce livre, sans doute parce que j'y ai retrouvé de nombreux conseils et exemples que j'ai moi-même donnés au cours des nombreux séminaires "Gestion des Projets Informatiques" que j'ai conçus et animés, notamment pour CAP SESA Institut.

Mais je l'aime également car j'y ai découvert des "trucs" que je ne connaissais pas et dont je suis certain de pouvoir profiter dès les prochains projets que je dirigerai, car malgré mon âge déjà avancé, je n'ai pas fini d'en diriger. La conduite de projets, c'est certes un métier, un métier passionnant, mais c'est aussi une drogue, pas une drogue douce, une drogue dure, qui vous tient pour toujours, quel que soit votre âge, votre niveau hiérarchique et plus vos responsabilités augmentent, plus la dose doit être forte, car plus les enjeux sont importants.

L'ouvrage de Jacques Claviez représente une contribution très importante à la réussite des projets futurs, et en ce sens, je le recommande à tous ceux qui ne veulent pas seulement de la théorie, de la méthode, mais qui recherchent les coups de pouce, par touches légères, du pragmatisme et de l'expérience.

Je le recommande notamment à ceux qui, toujours plus nombreux aujourd'hui, dirigent des projets dans lesquels la part de la sous-traitance est importante. Jacques Claviez explique bien les différences fondamentales entre le rôle du maître d'ouvrage et celui du maître d'œuvre. Il partage clairement les responsabilités et décrit les structures de pilotage et de coordination nécessaires pour que chacun des acteurs contribue, au moment donné, en respectant le plan d'assurance qualité approprié, à la réussite du projet.

Je vous souhaite une aussi bonne lecture que celle dont j'ai bénéficié en lisant les dernières épreuves de cet ouvrage.

Frédéric-Georges ROUX
P-D.G. de la Générale des Flux (Groupe Novalliance)
Ancien Vice-Président d'EDS-GFI
Lamorlaye, novembre 1993

XIV

PRÉSENTATION

Objectif

L'objectif de cet ouvrage est de procurer au lecteur l'information nécessaire pour exercer le métier de *chef de projet*, de *directeur de projet* ou de *consultant informatique* de haut niveau et d'acquérir toutes les informations permettant de réaliser sans risques de grands systèmes d'information. Il existe beaucoup de livres sur les méthodes et sur les modélisation de systèmes d'information mais très peu sur la *conduite de projets*. Ce livre constitue donc un manuel de référence, un guide présentant des méthodes structurées fiables, pratiques et expérimentées, basées sur des normes et standards reconnus et acceptés.

Public visé

Ce livre a été conçu pour les utilisateurs *informaticiens* possédant quelque expérience en analyse fonctionnelle et organique. Il contient une foule de conseils et d'exemples basés sur des projets réels. Les *consultants* travaillant déjà pour des sociétés de service et d'ingénierie en informatique (SSII, Société d'Intégration de Systèmes) apprendront sans aucun doute quelques astuces et stratégies permettant d'emporter un contrat ou encore comment répondre à un appel à candidature ou à un appel d'offres de manière à mettre le maximum de chances de son côté.

Un *analyste chevronné* ne recherchera pas seulement, dans un livre comme celui-ci, un contenu bien équilibré et vaste mais trouvera de nouvelles idées concernant la façon d'aborder un projet. Ce livre constitue également un *support technique* complet pour l'enseignement du métier de *Chef de projet* et, pourquoi pas, peut permettre de relever le défi et de *lancer sa propre société* de services et d'ingénierie informatique !

Un *analyste débutant* découvrira les astuces et secrets des grands consultants, les multiples aspects de la gestion d'un grand projet et pourra se baser sur les nombreux exemples pour acquérir en peu de temps une maîtrise qui demanderait plusieurs années d'expérience. Cet ouvrage constitue donc un livre de référence que vous serez amenés à consulter sans doute très souvent.

Contenu de ce livre

Bien qu'aucune méthodologie spécifique ne soit mise plus particulièrement en valeur, un certain nombre de concepts énoncés dans la méthodologie SDM/S et dans la méthode **Merise** constituent la base des méthodes de suivi de projets employées dans cet ouvrage, ce qui est le reflet de la réalité dans la majorité des cas.

La plupart des méthodes [1], si elles ont le mérite d'exister, ne résolvent pas toujours les cas complexes que l'on peut rencontrer ou ne peuvent pas être appliquées d'une façon stricte à tous les cas. Elles constituent néanmoins des guides précieux pour la conception et la conduite des projets.

La méthode de base présentée dans cet ouvrage est donc une compilation de plusieurs méthodes. Elle intègre la modélisation des données aux techniques structurées d'analyse et aborde quelques concepts de l'ingénierie de l'information centrés sur les données d'un système. Elle est basée sur des étapes précises de réalisation de produits «livrables» conduisant à la réalisation complète du projet et de sa documentation. Ces étapes permettent de morceler le projet et d'améliorer les relations entre membres de l'équipe responsable du projet et utilisateurs qui peuvent ainsi contrôler l'avancement et la validité des travaux.

---

[1] Merise, MCP (Warnier), Axial, SDM/S, Yourdon/De Marco, Jackson, Chen, Method/1, Productivité+, SILC, etc.

17

Diriger un projet

Toutes mes expériences l'ont toujours confirmé : une méthode doit être adaptée aux circonstances, à la conjoncture, aux politiques de l'entreprise, à l'environnement technique et humain ; bref, une méthode se doit d'être suffisamment *flexible* et *ouverte* pour favoriser cette adaptation.

En effet, les choix et les orientations technologiques sont toujours faits en fonction des matériels, logiciels et ressources humaines mais aussi en fonction du *Plan Directeur Informatique* de l'entreprise, de ses stratégies, de ses équipements existants, de sa raison sociale, etc.

Beaucoup de contraintes avant même de commencer l'étude !

Ce que j'ai intitulé *«les secrets des consultants»* est intimement lié au texte de l'ouvrage, lequel renferme une bonne partie des techniques utilisées par les grandes sociétés de service et d'ingénierie en informatique : les stratégies employées, les méthodes et astuces de présentation, la manière de répondre à un appel à candidature ou à un appel d'offres, comment évaluer un projet, etc. Je présente en effet la particularité d'avoir travaillé aussi bien comme consultant dans une SSII[1] que comme responsable de projets dans une grande administration. Je connaît donc parfaitement les deux côtés du miroir !

---

[1] *SSII* - Société de Services et d'Ingénierie en Informatique (il s'agit ici de SHL-Systemhouse, une SSII Canadienne d'intégration de systèmes).

INTRODUCTION

Tout le monde a pu constater les progrès accomplis par la micro-informatique et la bureautique dans les 3 dernières années ou même depuis l'année dernière. Dans nos villes, il devient très difficile de trouver de grandes ou moyennes entreprises qui ne soient pas encore équipées, ne serait-ce que dans les secrétariats ou dans les services de comptabilité !

Quel serait l'avenir d'une secrétaire ou d'un simple comptable s'il ne savent pas se servir d'un micro-ordinateur... C'était un premier pas.

De plus en plus d'entreprises, de sociétés, d'administrations veulent s'équiper ou moderniser leurs équipements.

Diriger un projet

Pas par mode, non, mais parce qu'ils n'ont plus le choix de procéder autrement compte-tenu de la concurrence. Le gain de *productivité*, la *qualité* du travail, les *volumes* traités, la *présentation*, donc *l'image de marque* de l'entreprise sont des éléments qui ne peuvent plus être négligés de nos jours.

Beaucoup se sont équipé dès les années 1960, d'autres ont préféré attendre cinq ans, dix ans, quinze ans. Mais, pressés par les concurrents, par les délais, par les volumes, par les impératifs de rentabilité et suite aux compressions de personnel, ils ont bien dû y passer.

Leurs services informatiques d'alors ont fait face au manque de formation, d'expertise, d'outils logiciels, de progiciels, de fiabilité des matériels, puis à la maintenance de programmes mal construits et développés à la hâte par des programmeurs/analyste/opérateur insuffisamment formés, des bases de données presque impossible à modifier sans entraîner une cascade d'anomalies coûteuses à réparer.

Depuis le début des années 70, la formation *d'informaticiens* a été l'un des objectifs prioritaires. Cette formation s'est considérablement améliorée. Le terrain était vierge et tout était à construire. Plusieurs méthodes ont commencé à voir le jour. Certaines n'ont pas tenu : trop rigides, inadaptables, complexes. D'autres ont été appliquées «par force».

Ainsi, dans les années 70, un informaticien cherchant du travail devait être «Warnier» (LCP-LCS) ou encore «Corrig», «Merise» ou «SDM/S». Les anciens ont du se reconvertir et retourner en stage de formation. La *méthode Merise* a fini par l'emporter sur la plupart des autres méthodes, dont certaines semblent directement dérivées. D'autre part, la structure des parties prenantes d'un projet est souvent négligée, ce qui influe directement sur sa réussite ou sur son échec, fut-il partiel. De nombreux ouvrages ont traité ce sujet avec plus ou moins de précision en insistant, pour la plupart, sur l'aspect *modélisation* (ou *conception*) du système *informatique* puis, plus tard, sur la modélisation du *système d'information*, mais il existe relativement peu de livres consacrés à la *conduite complète* d'un projet informatique et j'espère que celui-ci répondra à vos attentes en la matière.

Au cours de ma carrière, j'ai suivi un grand nombre de stages et de séminaires organisés sur la gestion de grands projets informatiques (Info/1, CAP/SESA Institut, AFNOR, etc.). J'ai également participé à divers groupes de travail sur ce sujet. Mon séjour, en qualité de *directeur de projets senior* dans une société de service et d'ingénierie en informatique au Canada (spécialisée dans l'intégration de systèmes) m'a fait découvrir de nouveaux outils et des méthodes de travail originales (SHL-Systemhouse, DMR). Ce livre est une synthèse de cette expérience et tente de vous faire éviter les erreurs qu'il est possible de faire dans le suivi de projets de systèmes d'information.

Stratégie des entreprises

Les entreprises ont un *besoin stratégique* de créer de la *valeur ajoutée* à ce qu'elles produisent pour survivre face à la concurrence. Les administrations suivent la même voie.

Tendances

Pour y parvenir, de plus en plus d'entreprises remettent en cause et améliorent leur *système d'information*. Les tendances principales que l'on peut observer de nos jours concernent la *mondialisation* du marché, les efforts pour *faciliter la vie* des clients en créant des produits ou des services très *spécifiques*, *l'intégration* très rapide de personnels dans l'entreprise avec une réduction sensible de la *hiérarchie* impliquant une meilleure productivité de ceux qui restent et, dans une moindre mesure, l'augmentation significative du *travail à domicile*.

On remarque également une forte tendance à rechercher des *alliances* (souvent surprenantes, comme les accords Apple/IBM) ou des *partenariats*. On parle aussi beaucoup de *«qualité»*.

Du point de vue technologique, les utilisateurs exigent des interfaces *conviviales* et *intuitives*, on emploie des *système d'aide à la décision*, les ordinateurs sont de plus en plus *reliés entre eux*, quelque soient leurs tailles.

22

Les ordinateurs *portables* se vendent de plus en plus et sont quelque fois reliés à des réseaux par des systèmes de communication *sans fils*.

Enjeux

Il est évident que les clients sont de plus en plus exigeants et réclament des produits et services de plus en plus personnalisés. Ils cherchent également à réduire les coûts et les délais d'obtention de ces produits et services. De plus, ils ne sont pas aussi attachés qu'avant à une marque et n'hésitent pas à en changer.

La mondialisation du marché de l'information et des réseaux de distribution conduit les entreprises et les constructeurs à opérer des alliances et des partenariats. Le cycle de vie d'un produit est de moins en moins long (les versions successives d'un logiciel, par exemple) et celui-ci doit être pensé en vue d'une commercialisation mondiale.

Réaction

La réponse aux problèmes de notre temps consiste à utiliser l'information dont on dispose de manière stratégique. Celui qui est *informé* possède le pouvoir, rien de bien nouveau, mais la réactivité doit être plus grande et le pouvoir de décision doit être renforcé grâce à une structure moins hiérarchique (plus «plane») et à des accès simplifiés aux informations vitales pour l'entreprise.

Diriger un projet

Sur l'information

L'information doit de plus en plus être utilisée comme un moyen stratégique d'atteindre les objectifs fixés. La principale contrainte réside dans le fait que les données existent en grande quantité (banques de données internationales) mais qu'elles sont :

- difficile d'accès (procédures complexes en mode texte) ;
- enregistrées dans des formats particuliers ;
- coûteuses à obtenir (abonnement, liaison, etc.).

Avec de la puissance, des mémoires annexes à haute capacité et des systèmes de gestion de base de données évolués, on peut améliorer l'accès à ces informations.

Sur le pouvoir de décision

Le pouvoir de décision pourra être renforcé en modifiant la *hiérarchie* de manière à la rendre *moins pyramidale*, ce qui a pour conséquence de faire de chacun un décideur potentiel.

C'est particulièrement efficace lorsque les décisions sont prises au niveau du client, car ces décisions sont prises en fonction des connaissances du sujet et de la disponibilité de ces informations au poste de travail.

La connexion d'unités décentralisées améliore la communication globale de l'entreprise ou de l'organisme et facilite l'établissement d'une chaîne de décision cohérente.

Stratégie des entreprises

Les obstacles habituellement rencontrés sont des systèmes informatiques indépendants, hétérogènes et isolés et
des réseaux totalement ou partiellement incompatibles.
La parade consiste à prôner la mise en réseau de *systèmes
ouverts* standardisés et l'emploi d'outils de développement
et de gestion de réseaux.

Sur les processus de gestion

Il y aura lieu de faire un audit du système et des procédures existantes avant d'y apporter des améliorations ou
de le refaire complètement. Les contraintes généralement
rencontrées concernent la conception traditionnelle (classique) du travail reposant sur une suite d'améliorations
successives (ou progressives), l'insuffisance de qualification (ou d'expertise) et d'outils de développement pour
automatiser de nouvelles méthodes de travail et le coût
(et la durée) d'une formation suffisamment solide pour
mettre en œuvre ces nouvelles méthodes.

Heureusement, il existe des méthodologies, des outils de
modélisation et d'analyse ainsi que des langages orientés
objet et des interfaces utilisateur graphiques *WIMP*[1].

Le tout et de procéder à une solide évaluation des méthodes de travail et des pratiques existantes avant de faire
tout investissement concernant le futur système d'information.

---

[1] *WIMP - Windows, Icon, Mouse, Pull-down menus* : fenêtres, icônes, souris et menus déroulants.

Systèmes futurs

Nouvelles technologies

Les nouvelles technologies ont un impact non négligeable sur les systèmes d'information. On ne peut pas les ignorer, faute de terminer un projet avec des technologies totalement dépassées.

Si vous retrouvez un magazine informatique datant de 1990 ou 1991 et malgré une information qui se veut à l'avant-garde en matière d'annonces ainsi qu'elle est pratiquée dans tout magazine technique, vous vous rendrez plus facilement compte de l'obsolescence rapide des matériels.

Or vous êtes peut-être en train d'initialiser un projet qui ne sera pleinement opérationnel que d'ici deux ou trois ans ... cela donne à réfléchir lorsqu'on est tenté de figer des configurations matérielles dès le début du projet !

Les microprocesseurs ont subit d'énormes mutations et le rapport prix/performances a encore baissé. Les ordinateurs employés comme serveurs deviennent multiprocesseurs, les logiciels deviennent de plus en plus graphiques et augmentent la productivité personnelle, de nouveaux standards de fait apparaissent en matière de réseaux.

Défis au décideurs

Avec tout ce bouillonnement technologique, les décideurs ont fort à faire pour optimiser les investissements effectués, se tenir constamment au courant pour tirer parti des nouvelles technologies, mettre en place des structures de réseaux normalisées, maîtriser les coûts dans un environnement sans cesse en mouvement, éviter l'obsolescence trop rapide du matériel et des logiciels et gérer le tout à peu près correctement. De plus, on leur demande de fournir aux utilisateurs des services sans cesse plus sophistiqués, des informations exactes et exploitables en temps et en heure et de mettre en place des interconnexion de réseaux hétérogènes et répartis géographiquement.

Sous-traitance

Tout ceci demande un investissement en veille technologique quasiment à temps complet. Or, c'est bien souvent au *responsable de l'informatique* qu'on demande tous ces miracles. Ce responsable a déjà fort à faire pour gérer le système informatique *en place*, sa maintenance, ses évolutions, sa gestion, etc., et en moins de deux ans, le plus «pointu» des techniciens placé à ce poste aura perdu de vue la plupart de ses repères en matière de nouvelles technologies et sera complètement dépassé par les événements. Ce qui explique le recours de plus en plus fréquent à des sociétés de service et d'ingénierie en informatique censées employer des spécialistes de haut niveau.

Il n'y a pas de honte à faire appel à l'extérieur lorsqu'on n'est pas suffisamment armé pour faire face à une situation donnée. Le jeu consiste surtout à ne pas se tromper d'expert pour se faire assister.

Les principales étapes pour *glisser* vers un nouveau système d'information consistent en la mise en place progressive d'une architecture informatique de type *client-serveur* basée sur l'interconnexion de réseaux locaux et favoriser ainsi l'intégration des systèmes existants. Le modèle *client-serveur* s'appuie sur des systèmes d'exploitation portables, c'est-à-dire compatibles et pouvant être installés sur n'importe quelle machine, du PC à l'ordinateur central en passant par les minis (ordinateurs).

Ceci ne pourra pas se faire sans une planification de la modification des infrastructures informatiques (schéma directeur stratégique). Comme le remplacement d'un réseau WAN par des réseaux LAN standardisés qui passera par une cohabitation par routeur et passerelles inter-réseaux. C'est à ce moment qu'on n'entend plus parler que *d'interopérabilité, de portabilité, d'évolutivité, de disponibilité* et autres termes à la mode depuis le début des années 90 !

Systèmes ouverts

Il s'agit de systèmes basés sur un ensemble de standards concernant du matériel et des logiciels et permettant à divers ordinateurs et applications de fonctionner ensemble.

Les standards[1] en question sont bien définis, très largement accepté de tous et la plupart sont du domaine public, donc gratuits.

Quand au concept de client-serveur dont on parle tant, il s'agit simplement d'une application utilisée par des clients qui soumettent des demandes de ressources (périphériques, données, logiciels, autres services) à un ou des serveur(s). Une application peut être cliente ou serveur et peut même assurer les deux fonctions. Le schéma ci-dessous représente les différents modèles possibles :

Systèmes traditionnels	Présentation distribuée			
	Présentation ///////////////// Présentation	fonction	gestion des données	
	Présentation distante			
	Présentation /////////////////////////	fonction	gestion des données	
Traitement coopératif	Traitements distribués			
	Présentation fonction ////////////////	fonction	gestion des données	
	Données et traitements distribués			
	Présentation fonction gestion des données //	fonction	gestion des données	
	Accès aux données distantes			
	Présentation fonction ////////////////////	gestion des données		
Bases distribuées	Données distribuées			
	Présentation fonction gestion des données ///////	gestion des données		

Modèles client/serveur.

[1] Voir «INFORMATIQUE : LES BASES» du même auteur dans la même collection.

Dans le schéma précédent, on remarque que le traitement coopératif permet de répartir des données et des applications entre utilisateurs. Plusieurs logiciels peuvent être employés en même temps en vue de réaliser une tâche donnée.

Architecture client-serveur

L'architecture client-serveur a pour but de faciliter l'intégration de systèmes hétérogènes donc, d'élargir les choix en matière de fournisseurs et par conséquent, de faire jouer la concurrence. En créant une architecture souple, on augmentera la réactivité de l'informatique des entreprises ou organismes et on pourra ainsi avoir accès à un plus grand nombre de logiciels.

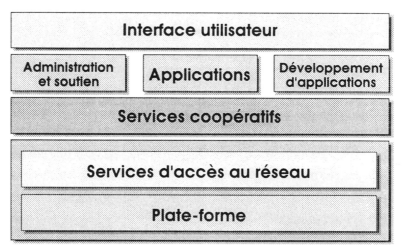

(Source : Séminaire NCR-AT&T)

Remarquez la séparation en couches indépendantes.

Le modèle client/serveur

Ce type d'architecture permet un portage plus facile d'un environnement logiciel ou d'une plate-forme matérielle vers une autre :

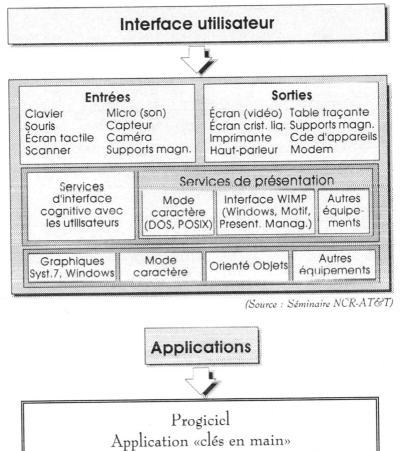

(Source : Séminaire NCR-AT&T)

Applications

Progiciel
Application «clés en main»
Applications développées avec un AGL[1]
Applications supportées par des services coopératifs

---

[1] *AGL* - Atelier de Génie Logiciel .

Diriger un projet

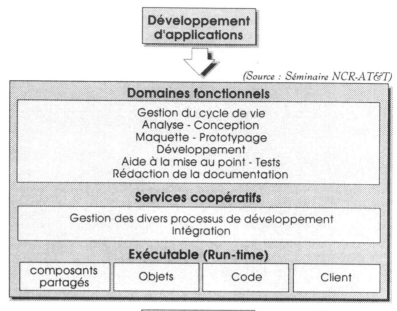

Développement d'applications

(Source : Séminaire NCR-AT&T)

Domaines fonctionnels

Gestion du cycle de vie
Analyse - Conception
Maquette - Prototypage
Développement
Aide à la mise au point - Tests
Rédaction de la documentation

Services coopératifs

Gestion des divers processus de développement
Intégration

Exécutable (Run-time)

| composants partagés | Objets | Code | Client |

Administration et soutien

Services coopératifs

(Source : Séminaire NCR-AT&T)

Services de fichiers et d'impression *POSIX NTFS FTAM*	Services de Base de Données *ANSI-SQL XOpen CLI ISO*	Services de transaction *XOpen DTP ...*	Services de messagerie *X400 X435 (EDI) ...*	Services de flux de travail *...*
Services de vidéo-conférence *CCITT ...*	Services de travail de groupe *...*	Services multimédia *CCITT ...*	Librairies d'objets *...*	*...*

32

Le modèle client/serveur

Services d'accès au réseau

(Source : Séminaire NCR-AT&T)

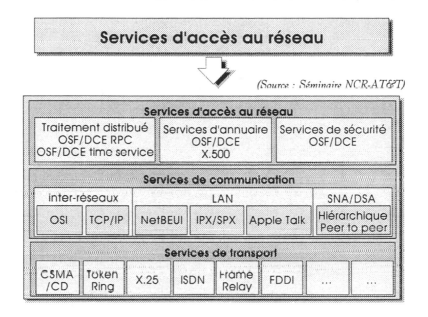

Services d'accès au réseau		
Traitement distribué OSF/DCE RPC OSF/DCE time service	Services d'annuaire OSF/DCE X.500	Services de sécurité OSF/DCE

Services de communication					
inter-réseaux		LAN			SNA/DSA
OSI	TCP/IP	NetBEUI	IPX/SPX	Apple Talk	Hiérarchique Peer to peer

Services de transport							
CSMA /CD	Token Ring	X.25	ISDN	Frame Relay	FDDI	...	...

Plate-forme

(Source : Séminaire NCR-AT&T)

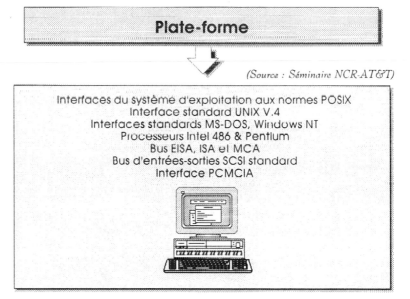

Interfaces du système d'exploitation aux normes POSIX
Interface standard UNIX V.4
Interfaces standards MS-DOS, Windows NT
Processeurs Intel 486 & Pentium
Bus EISA, ISA et MCA
Bus d'entrées-sorties SCSI standard
Interface PCMCIA

Diriger un projet

À titre indicatif, le tableau ci-dessous permet de comparer sommairement divers systèmes d'exploitation *serveurs* :

	OS/2 2.x	Win NT	Unix V4	HP-UX	AIX/6000
Portabilité	non	POSIX	POSIX XPG/4	POSIX XPG/3	POSIX XPG/3
Architecture multiproces.	INTEL	INTEL, MIPS, ALPHA	INTEL, MIPS, Motorola, SPARC	PA-RISC	POWER/PC
Âge ans)	3 mois (7/93)	prévu 09/93	Large diffus	composites	table (2
Multitâche	multithread	multithread	multithread	multithread	multithread
Multi-utilisateur	non	support TTY, X WIN	support TTY, X WIN	support TTY, X WIN	support TTY, X WIN
Haute disponibilité	mémoire	mémoire disque	mémoire disque processeur	mémoire disque	mémoire disque
Base d'application	DOS WIN 3.x	DOS WIN 3.x	DOS, Win 3 UNIX V3 ext.Berkeley Xenix	UNIX V3 extensions Berkeley	UNIX V3 extensions Berkeley

(Source : NCR/AT&T)

Le tableau ci-dessous compare quelques microprocesseurs :

	INTEL	MIPS	ALPHA	PA-Risc	PowerPC
Applications basées sur	DOS, Win 3.x Win NT, Unix V.3 et V.4	UNIX V.3 et V.4	Open VMS, WIN NT OSF/1	HP-UX	AIX/6000 BOS 1 & 2 PINK
Architectures	IBM, DEC, HP NCR, Compaq DELL, AST Olivetti, ICL Unisys, NEC...	Pyramid, Silicon Gr. Nixdorf Tandem Olivetti Sony Toshiba...	DEC	HP	IBM, Bull (Risc/6000) (DPX)
Implémenta. multiprocess.	NCR, Sequent Unisys, Compaq, ...	Pyramid, Tandem ...	DEC	HP	IBM, Bull

(Source : NCR/AT&T)

34

Le tableau ci-dessous permet de comparer sommairement divers systèmes d'exploitation *client* :

(Source : NCR/AT&T)

	OS/2 2.x	Win 3.x	Win NT	UnixWare	Solaris*
Base d'application	DOS, Win3 +600 (OS/2)	DOS, Win 3 +30.000	DOS, Win16 Win 32 +100 (NT)	DOS, Win 3 Unix V3 Berkeley 4.2 Xenix	DOS, Win Unix V3 Berkeley 4.2 Xenix
Architecture multiproces.	INTEL	INTEL	INTEL, Mips Alpha	INTEL	INTEL SPARC
Standard GUI	Presentation Manager	Windows	Windows	Motif, OpenLOOK	OpenLOOK
Base install.	+1 million	+35 million	+90.000	en cours	en cours
Prérequis Hardware	Ram 8 Mo Disk 80 Mo	Ram 4 Mo Disk 80 Mo	Ram 12 Mo Disk 120 Mo	Ram 8 Mo Disk 120 Mo	Ram 12 Mo Disk 120 Mo

(* Solaris est le système d'exploitation de SUN Microsystems).

Pour un poste client, le meilleur rapport qualité/prix est une machine basée sur microprocesseur Intel, disposant de 8 Mo de RAM et 120 Mo de disque interne fonctionnant sous MS-DOS 6+Windows 3.1 (ou sous DOS 7+Windows 4, combinaison supportant les applications 32 bits et dont le nom de code est «Chicago»).

Le tableau ci-dessous compare quelques topologies :

(Source : NCR/AT&T)

Topologies	Ethernet	Token-Ring	FDDI-fibre	sans fils
connectivité	bonne	moyenne (4 Mo) bonne (16 Mo)	très bonne (double anneau)	bonne (ondes radio)
Coût d'instal.	bas	moyen	cher	le moins cher
coût de maintenance	bas	bas	bas	bon marché
Bande pass.	10 Mo/s	4 Mo/s à 16 Mo/s	100 Mo/s	3 Mo/s
Standards	IEEE 802.3 10 Base T & F	IEEE 802.5	ANSI XT395	IEEE 802.11 (en cours)
Interopérabil.	forte	moyenne	forte	forte

Diriger un projet

Après cette brève introduction sur les orientations générales en matière d'informatique, le chapitre suivant va
s'efforcer de définir le plus complètement possible ce
qu'est un projet de système d'information.

QU'EST-CE QU'UN PROJET ?

La conduite d'un projet d'informatisation n'implique pas seulement des *spécialistes en informatique* concevant et développant des logiciels, mais un ensemble d'acteurs associés : *décideurs, utilisateurs, spécialistes, exploitants...* La réussite d'un projet d'informatisation passera donc par l'implication de *chacune* des personnes concernées et par la qualité du dialogue qui a pour but d'amener à prendre les décisions qui s'imposent lors du *cycle de vie* du projet. La conduite de projet a donc pour objectif d'améliorer le processus de conception/développement de systèmes *d'information* et non de systèmes *informatiques*.

Ce livre vise donc non seulement à informer les *décideurs*, mais aussi les *utilisateurs* sur le déroulement et l'organisation d'un projet d'informatisation, à définir leurs *rôles* respectifs et à les sensibiliser aux éléments concourants à sa réussite.

Il propose également une normalisation des concepts et du vocabulaire employés dans ce domaine, facilitant ainsi le dialogue entre les différentes populations d'acteurs et s'appuie, pour cette partie, sur l'excellent *Guide de direction de projets* du Ministère de la défense dont je me suis inspiré[1].

Définition d'un projet

Pourquoi gérer des projets d'informatisation ?

Lorsque des évolutions *majeures* d'un système d'information sont envisagées, il n'est plus possible d'étudier et de réaliser ces évolutions au cas par cas et sans une organisation spécifique des moyens à mettre en œuvre. L'ensemble des travaux à mener doit alors être géré *comme un tout* en constituant un projet de développement de système d'information, souvent désigné par le simple mot *projet*. N'oubliez pas que l'informatique est l'un des *outils de production* de l'entreprise ou de l'organisme, d'où l'importance accordée à la *qualité* des logiciels.

---

[1] Avec l'accord des autorités concernées : lettre 4204 DEF/DAG/SDI du 16/07/ 93.

La rapidité du développement des applications et la flexibilité de la maintenabilité de ces applications sont aussi des points importants à ne pas perdre de vue. D'autre part, tout le monde sait que l'informatique est un outil nécessitant des investissements importants en ressources humaines (formation technique spécialisée), en équipements et en services (contrats de maintenance du matériel, sous-traitance).

Cependant, un projet de *système d'information* ne doit pas s'intéresser au seul système *informatique* mais doit appréhender toutes les *composantes* du *système d'information* participant au recueil et à la transformation de ces informations : procédures, règles de gestion, organisation de l'entreprise, moyens humains, moyens matériels, applicatifs, etc.

L'importance des performances et de la productivité attendus (retour sur investissement) implique la nécessité d'un développement contrôlé. Les habituels «glissements» de planning dus à divers retards entraînent une mise en œuvre différée pour les utilisateurs, des impacts financiers non négligeables comme des avenants éventuels et peuvent s'avérer catastrophiques. À titre d'exemple, CAP/SESA citait en janvier 92 une étude effectuée par l'armée américaine sur les grands projets «coulés» en cours de route comme le système de réservation aérienne Univac : abandonné après 56 millions de dollars ou *l'Advanced Logistic System*, abandonné après 213 millions de $.

39

Diriger un projet

L'étude faisait apparaître que 47 % des projets étaient livrés mais jamais ou très peu utilisés, 29 % des projets étaient payés mais jamais livrés, 19 % des projets étaient abandonnés ou refaits, 3 % des projets étaient utilisés après modifications notables et seulement 2 % des projets étaient utilisés tels quels.

Les raisons qu'ont un projet de dériver sont parfaitement identifiées :

- facteurs humains : mauvaise affectations des tâches, conflits, rétention d'information, règlements de comptes, jalousies, chef de projet inexpérimenté ;
- mauvais suivi du projet : glissements non maîtrisés à temps ;
- mauvaise réalisation : techniciens incompétents, développement non optimisé, tests partiels, peu ou pas de documentation, programmeurs inexpérimentés (formés «sur le tas» ;
- mauvaise répartition des tâches : contraintes négligées, mauvaise organisation ;
- mauvaises estimations : erreurs, oublis, imprécisions ;
- mauvaises spécifications : règles de gestion vagues, incomplètes, instables.

Vous verrez comment il est possible d'agir pour maîtriser ces points noirs et plus globalement agir sur :

- l'énoncé du problème à résoudre (le projet) en matière de spécifications, de validation et de conception fonctionnelle et technique ;

- les estimations (les prévisions) en utilisant des méthodes d'évaluation ;
- la répartition des travaux en choisissant soigneusement les ressources humaines et techniques ;
- l'enchaînement des tâches en utilisant des méthodes de planification de projets ;
- la réalisation en utilisant des méthodes, des standards et des outils normalisés ;
- le suivi du projet basé sur un système d'information de type tableau de bord (Microsoft Project, etc.) ;
- le suivi des ressources humaines affectées au projet ;
- la qualité des applicatifs grâce à des méthodes de tests et de recettes ;
- enfin, la maintenabilité en fonctionnement par l'organisation des maintenances matériels/logiciels.

Naissance d'un projet

Un projet ne pourra être *lancé* que s'il est doté d'un *producteur* ou *promoteur*, généralement maître d'ouvrage et client du projet qui soit directement intéressé à la réussite de ce projet, d'un *responsable de projet* maître d'œuvre, d'un *scénario* intégrant les spécifications et les contraintes, de *moyens* incluant un budget, un délai de réalisation et du matériel, et d'utilisateurs. Il nécessite un minimum *de paramètres* pour être accepté et reconnu :

- son *objectif* (ou quel est son but) ;
- son *domaine fonctionnel* ;

41

- le *résultat attendu* (bénéfices, retour sur investissement) ;
- dans quel *délai* il sera réalisé.

(Guide de direction de projet)

Un projet de système d'information peut donc être comparé à tout autre projet d'investissement (ex. construction immobilière, réalisation d'un film, etc.).

Le projet de système d'information devrait résulter d'une *planification générale* des développements à envisager ou encore, d'une *demande ponctuelle*. Dans le premier cas (planification générale), non seulement les projets d'investissements devraient être planifiés mais les grands principes de l'architecture d'une solution future devraient être établis. La méthode *Racines* propose d'ailleurs un cadre méthodologique pour mener à bien ce type d'étude appelé *schéma directeur*, mais je n'en parlerais pas dans ce livre.

Phasage classique
(projets industriels)

Faisabilité
Définition
Conception
Réalisation

Lorsque l'identification d'un projet de système d'information résulte d'une *demande ponctuelle*, le schéma directeur pourrait être remis en cause (ne serait-ce que par un *changement des priorités* entre projets inscrits à ce schéma directeur). Il faudra donc prendre soin de s'assurer de l'accord préalable des autorités qui ont validé le schéma directeur avant d'y inscrire un nouveau projet, même si celui-ci devait être stratégique.

Cycle de développement

Il n'est généralement pas possible —ni prudent— d'engager d'une seule traite la globalité des travaux de développement d'un système de quelque importance, faute de visibilité technique et financière[1]. Pour cette raison, un projet fait l'objet d'un découpage en *unités d'engagement* de travaux ou *tranches*, chacune sanctionnée par une décision de poursuite ou de suspension du projet.

Même lorsque les *objectifs* (du projet) rendent quasiment *obligatoire* la poursuite de ce projet, il est nécessaire que la décision de poursuivre soit clairement exprimée et qu'un examen ait lieu pour s'assurer que le système prévu répondra bien à ces objectifs initiaux.

Si le projet doit faire l'objet d'une sous-traitance, chacune des tranches constituera une unité distincte. Pour les grands projets, le découpage en tranches peut correspondre à des remises en concurrence. Autrement dit, plusieurs sociétés de sous-traitance pourront éventuellement travailler sur un même projet.

Dans l'appel d'offres, on indiquera simplement que le projet est constitué de plusieurs *tranches*, fermes ou optionnelles, lesquelles pourront contenir un certain nombre de *lots* : développement, matériel, système d'exploitation, etc.

---

[1] Surtout lorsque les budgets ne sont votés que pour un an, chaque année.

Diriger un projet

Lorsque plusieurs tranches successives sont sous-traitées en bloc, les points de contrôle prévus en fin de chacune des tranches doivent subsister.

Les organismes normatifs [1] proposent le découpage du *cycle de développement d'un projet* en *5 phases* :

- l'étude préalable ;
- la conception détaillée ;
- la réalisation ;
- la mise en œuvre ;
- l'évaluation.

Ce découpage est d'ailleurs parfaitement compatible avec les méthodes Merise et SDM/S, qui proposent à peu près les mêmes séquences, mais sous d'autres dénominations [2].

Avant d'entamer le *cycle de développement* d'un projet, des opérations de planification et divers travaux sur son opportunité auront eu lieu, tels que :

- l'élaboration d'un *schéma directeur stratégique* ;
- le *schéma directeur opérationnel* ;
- les *études d'opportunité* (on dit aussi «de faisabilité») ;
- *l'audit du système* (ou du projet) existant.

Les objectifs et le contenu général de chacune de ces opérations [3] sont indiqués dans les pages suivantes.

---

[1] Comme l'AFNOR en France ou l'ACNOR au Canada.
[2] Voir le paragraphe intitulé «Les méthodes» en annexe.
[3] Confère le «Guide de conduite de projet» du Ministère Français de la défense.

44

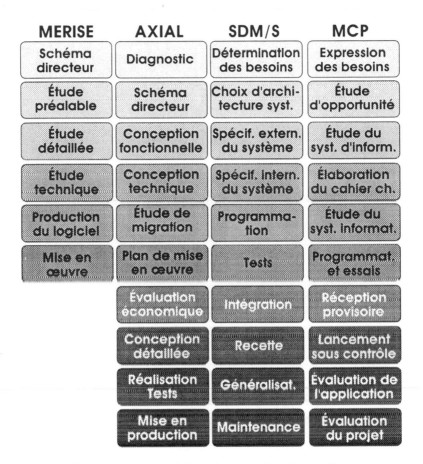

MERISE	AXIAL	SDM/S	MCP
Schéma directeur	Diagnostic	Détermination des besoins	Expression des besoins
Étude préalable	Schéma directeur	Choix d'archi-tecture syst.	Étude d'opportunité
Étude détaillée	Conception fonctionnelle	Spécif. extern. du système	Étude du syst. d'inform.
Étude technique	Conception technique	Spécif. intern. du système	Élaboration du cahier ch.
Production du logiciel	Étude de migration	Programma-tion	Étude du syst. informat.
Mise en œuvre	Plan de mise en œuvre	Tests	Programmat. et essais
	Évaluation économique	Intégration	Réception provisoire
	Conception détaillée	Recette	Lancement sous contrôle
	Réalisation Tests	Généralisat.	Évaluation de l'application
	Mise en production	Maintenance	Évaluation du projet

Schéma comparatif des phases selon les méthodes.

(Quelques unes des différentes méthodes citées ci-dessus sont détaillées en annexe).

Diriger un projet

La conduite de projets a suscité de nombreuses études. La structuration de la programmation a d'ailleurs eu des retombées directes sur la composition du groupe de projet d'une part et sur les méthodes de suivi de projet d'autre part. C'est ainsi que l'on a décomposé la conception et la réalisation de projets en étapes et en phases. Il existe plusieurs modèles connus qui m'ont été enseignés mais dont je ne me rappelle plus les auteurs. J'espère qu'ils ne m'en tiendront pas rigueur.

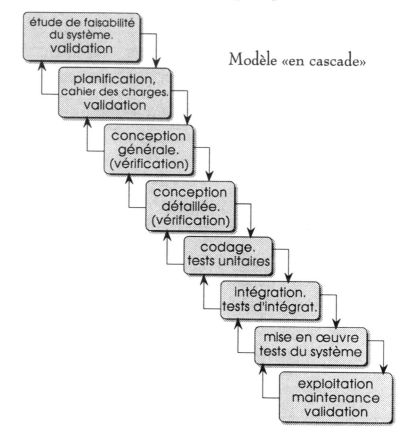

Modèle «en cascade»

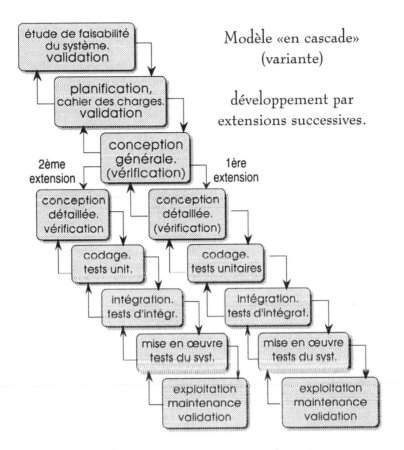

Modèle «en cascade»
(variante)

développement par
extensions successives.

Les fonctionnalités du projet sont étendues (2ème extension) à partir de la première étude et de la réalisation (1ère extension).

Il existait également un modèle en spirale (horriblement complexe à dessiner) proposé par l'IEEE.

Les deux modèles suivants sont plus classiques et sont proposés par IBM si je ne me trompe pas.

Diriger un projet

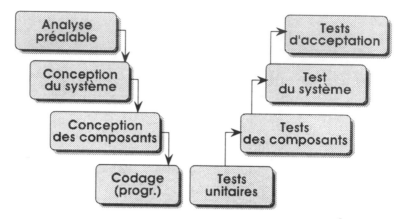

Modèle de cycle en V.

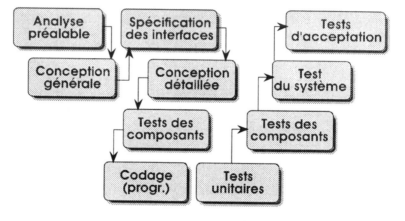

Variante : modèle de cycle en W.

Contrairement au modèle de cycle en V dans lequel l'utilisateur devait attendre la réalisation de l'unité de traitement pour voir les résultats, le modèle de cycle en W propose à l'utilisateur une maquette (interface d'écran) à travers laquelle il peut préjuger du résultat final.

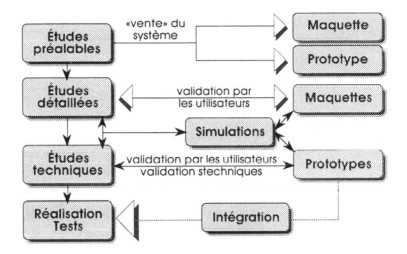

Maquettage et prototypage selon la méthode Merise.

La *maquette* est un «brouillon» jetable (non réutilisable). Elle a pour but de montrer à l'utilisateur final de quoi auront l'air les écrans. Il n'est pas nécessaire de développer des logiciels compliqués dans une maquette, un enchaînement de «diapos» suffit.

Le *prototype* est réutilisable et n'est pas développé avec les mêmes outils que la maquette. Il s'agit (presque) de l'application finale, mais dont certaines fonctionnalités ne sont pas encore développées. Il permet de se rendre compte de l'exploitation future de l'applicatif et d'effectuer certaines mesures de performance ou de montée en charge d'un réseau. Il est basé sur les validations effectuées par les utilisateurs au niveau de la maquette.

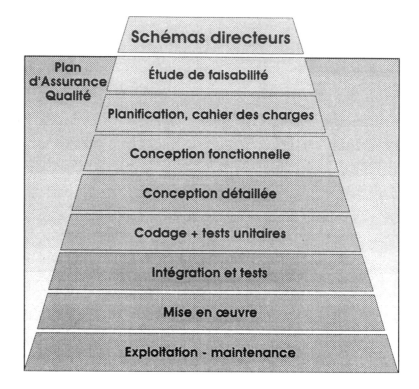

Cycle de vie d'un projet.
Remarquez le recouvrement de l'assurance qualité.

Schéma directeur stratégique

objectif :   en accord avec la stratégie de l'entreprise, définir une *politique* d'utilisation des technologies et des modes d'organisation de l'information pour servir de support au développement du système d'information ;

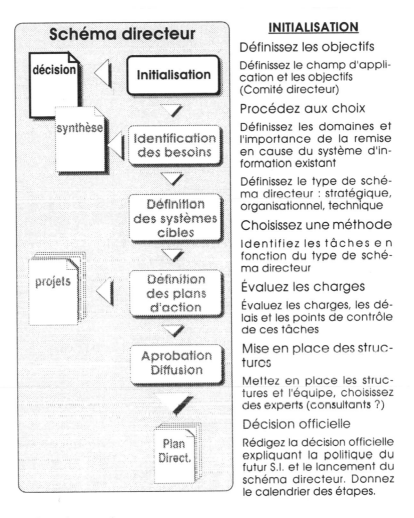

Définissez les objectifs

Définissez le champ d'application et les objectifs (Comité directeur)

Procédez aux choix

Définissez les domaines et l'importance de la remise en cause du système d'information existant

Définissez le type de schéma directeur : stratégique, organisationnel, technique

Choisissez une méthode

Identifiez les tâches e n fonction du type de schéma directeur

Évaluez les charges

Évaluez les charges, les délais et les points de contrôle de ces tâches

Mise en place des structures

Mettez en place les structures et l'équipe, choisissez des experts (consultants ?)

Décision officielle

Rédigez la décision officielle expliquant la politique du futur S.I. et le lancement du schéma directeur. Donnez le calendrier des étapes.

Si le schéma directeur n'est pas très important, un intervenant éventuellement assisté d'une personne suffit. **L'initialisation** implique le responsable de l'équipe projet, toute la hiérarchie des décideurs et des utilisateurs de l'entreprise ou de l'organisme et un expert en méthodes.

51

Diriger un projet

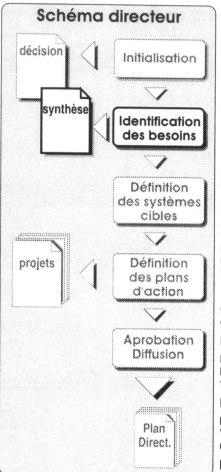

Schéma directeur

décision

Initialisation

synthèse

Identification des besoins

Définition des systèmes cibles

projets

Définition des plans d'action

Aprobation Diffusion

Plan Direct.

IDENTIFICATION DES BESOINS

Divisez en domaines

Identifiez les objectifs de l'entreprise ou de l'organisme. Divisez en domaines, puis en processus principaux

Collectez la documentation (règles de gestion, procédures, audits, etc.)

Modélisez le contexte, les domaines, les processus. Détectez les problèmes

Analysez les règles

Analysez les règles de gestion, les besoins, les problèmes. Hiérarchisez le tout. Formalisez les processus de gestion et notez les contraintes

Modélisez les données

Créez le Modèle Conceptuel des Données (MCD).

Identifiez les traitements

Repérez les applications et les faiblesses du système existant (logiciels, systèmes, etc.)

Interviews (entretiens)

Faites un plan d'entretiens. Voyez les responsables et les utilisateurs.

Établissez un bilan

L'identification des besoins du système nécessite l'intervention du responsable du projet «Schéma Directeur» ainsi qu'un intervenant (ou consultant). Les décisions sont prises par la hiérarchie des utilisateurs. Un expert en modélisation sera également impliqué.

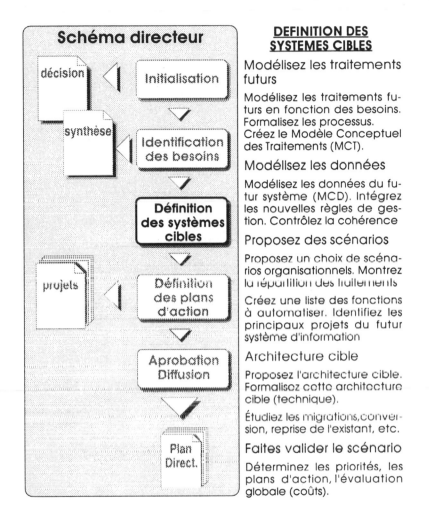

Schéma directeur

décision — Initialisation

synthèse — Identification des besoins

Définition des systèmes cibles

projets — Définition des plans d'action

Aprobation Diffusion

Plan Direct.

DEFINITION DES SYSTEMES CIBLES

Modélisez les traitements futurs

Modélisez les traitements futurs en fonction des besoins. Formalisez les processus. Créez le Modèle Conceptuel des Traitements (MCT).

Modélisez les données

Modélisez les données du futur système (MCD). Intégrez les nouvelles règles de gestion. Contrôlez la cohérence

Proposez des scénarios

Proposez un choix de scénarios organisationnels. Montrez la répartition des traitements

Créez une liste des fonctions à automatiser. Identifiez les principaux projets du futur système d'information

Architecture cible

Proposez l'architecture cible. Formalisez cette architecture cible (technique).

Étudiez les migrations,conversion, reprise de l'existant, etc.

Faites valider le scénario

Déterminez les priorités, les plans d'action, l'évaluation globale (coûts).

La **définition des systèmes cibles** (conception) implique le responsable du projet «Schéma Directeur», le consultant, la hiérarchie des utilisateurs pour les décisions et un expert en gestion et en conception de systèmes d'information.

Diriger un projet

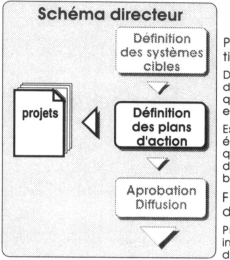

DEFINITION DES PLANS D'ACTION

Précisez les plans d'action

Définissez les objectifs et le domaine couvert pour chaque projet. Indiquez les liens entre chaque projet

Estimez les charges pour les études préalables de chaque projet ainsi que le calendrier global de chacun et le budget à prévoir

Faites valider le plan d'action

Proposez un échéancier et indiquez les mesures à prendre

C'est au responsable du projet «Schéma Directeur» de **définir les plans d'action** en accord avec sa hiérarchie.

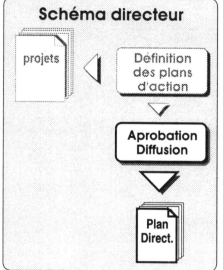

APPROBATION DIFFUSION

Définissez la procédure de suivi du Plan Directeur

Définissez les structures et les procédures permettant de suivre l'application du Plan Directeur. Indiquez le scénario global d'évolution du S.I. Mettez en place un Plan Qualité

Faites valider le plan directeur

Rédigez le Plan Directeur et proposez-le aux grands décideurs de l'entreprise ou de l'organisme. Révisez s'il y a lieu. Faites-le approuver et assurez-vous qu'il sera largement diffusé.

Schéma directeur opérationnel

objectif :   bâtir un scénario *global* d'évolution des systèmes d'information de l'entreprise (ou d'une
grande fonction de cette entreprise).

Les étapes conduisant à réaliser cet objectif
sont pratiquement les mêmes que ceux que
vous venez de voir avec le *Schéma directeur
stratégique* ;

Étude d'opportunité (faisabilité)

objectif :   préciser et s'assurer de ce qui *justifie* le lancement du projet ;

Actions :

- valider et approuver l'architecture du système
et la répartition matériel/logiciel ;
- valider et approuver les concepts de base de
l'exploitation et la répartition homme-machine ;
- définir les phases principales du cycle de dé-
veloppent du système d'information ainsi que
les étapes (points de contrôle), les ressources
prévues, les responsabilités des entités impliquées, les échéanciers et les opérations majeures.

Étude préalable

- Plan Direct.
- definition du champ de l'étude
- Modèle de l'existant
- Bilan de l'existant
- Maquette
- Définition des Besoins du Syst.
- Evaluation

- Initialisation
- Définition du projet
- S'informer sur l'existant
- Modélisation de l'existant
- Critique de l'existant
- Spécifications du futur système
- Bilan de l'étude

INITIALISATION

Étude de faisabilité

Définissez les tâches composant la phase d'étude préalable (ou étude d'opportunité)

Évaluez les charges et les délais

À partir du Plan Directeur, ré-évaluez les charges et les délais du projet

Définissez les structures

Faites valider les structures de validation et de décision

Composez les équipes

Établissez un plan de formation s'il y a lieu

Planifiez les travaux et affectez les ressources matérielles et humaines

Choisissez les outils de suivi de projet (AGL, MS-Project, etc.)

Le Chef de projet et un expert en méthode sont impliqués dans cette initialisation.

Audit du système existant

objectif : étudier et contrôler un système d'information (ou un projet) et proposer des actions correctrices. Cet audit du système existant peut être effectué avant l'étude préalable ;

> Il est possible de se faire aider par une société de service dans la réalisation des schémas directeurs ainsi que dans l'étude d'opportunité et dans l'audit du système d'information existant. Ces opérations, bien que ponctuelles (1 à 2 mois-homme), exigent une *très forte expertise* et des consultants de *très haut niveau*. Il faudra donc choisir les intervenants avec soin, ces actions engageant l'avenir de l'entreprise ou de l'organisation (on ne fait pas un schéma directeur chaque année !).

À ce stade, on commence à avoir une idée plus précise de ce que l'on doit faire. Les étapes suivantes sont :

- la conception fonctionnelle (dans ses grandes lignes) ;
- l'étude préalable et l'établissement du cahier des charges du projet. Pendant la réalisation de ce cahier des charges, il sera possible de procéder parallèlement à un appel à candidatures qui est, en quelque sorte, une procédure d'appel d'offres restreint.

Par précaution, on spécifie *au moins* deux *tranches* correspondant généralement à la mise en place de crédits lorsque ceux-ci le sont de manière annuelle : une *tranche* dite «ferme» et une *tranche* dite «optionnelle» permettant ainsi de changer de *fournisseur* (SSII ou autre) si celui-ci était jugé incompétent lors de la première tranche. Les *tranches* peuvent comprendre des *lots* comme, par exemple, la fourniture de matériel, de logiciels ou d'expertise spécialisée *externes* à la SSII.

1 on sélectionne huit à dix candidats sur la totalité des sociétés de service qui auront répondu à cet appel à candidature ;

2 on envoie le cahier des charges et les documents d'accompagnement aux candidats retenus et une lettre aux candidats non retenus ;

3 un à deux mois après communication du cahier des charges, on dépouille les offres des candidats retenus

4 on établit une «short list» (liste restreinte) de trois candidats auxquels on demande de venir se présenter, présenter leur offre et présenter l'équipe qui doit réaliser le projet ;

5 on sélectionne le meilleur candidat et on établit le marché selon le code des marchés ;

6 le candidat sélectionné signe le marché qui lui sera notifié peu après et commence son mandat.

- la conception détaillée ;
- la réalisation ;
- la mise en œuvre ;
- L'évaluation.

Exemple sommaire de planification :

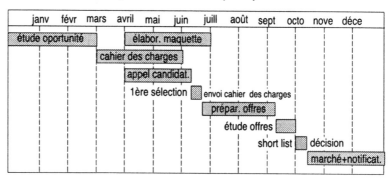

16 principaux motifs d'échec :

Contrat mal défini	Planification insuffisante
Définitions instables	Planification insuffisante
Échéances irréalistes	Planification insuffisante
Encadrement inexpérimenté	Planification insuffisante
Planification insuffisante	Planification insuffisante
Planification insuffisante	Planification insuffisante
Planification insuffisante	Planification insuffisante
Planification insuffisante	Pressions politiques

(Source : Philip W. Metzger)

Étude préalable, cahier des charges

objectif :   définir les *objectifs* du projet envisagé, élaborer des *scénarios d'organisation* et *d'automatisation*, *planifier* le calendrier et le budget des futures applications.

actions :

- définir les besoins à partir du bilan établi sur le système d'information existant ;
- formaliser les objectifs du nouveau système ;
- élaborer des solutions d'organisation et d'automatisation en tenant compte des rôles respectifs des divers gestionnaires et de la frontière entre ce qui *doit* être automatisé et ce qui *ne doit pas* l'être, du *niveau* d'automatisation (temps réel, temps différé) et du choix de l'architecture technique ;

- planifier de manière détaillée le suivi de projet, le plan de gestion des configurations, le plan d'assurance qualité, le plan de vérification et de validation (sauf les tests détaillés) ;
- valider et approuver le cahier des charges, les fonctions, les performances estimées, les interfaces utilisateur, la cohérence de l'ensemble ;
- déterminer le plan de développement des applications futures compte-tenu de l'étude économique qui aura été faite au préalable.

On constate que *l'étude préalable* est bien plus qu'une simple étude d'opportunité puisqu'elle vérifie la *faisabilité* des vœux formulés et propose des *solutions* susceptibles de répondre aux besoins exprimés. L'étude préalable représente 3 à 10 % du coût total du projet.

Les spécifications définissent le problème à résoudre, par conséquent, le produit à réaliser.

Les difficultés rencontrées lors de la définition des spécifications concernent l'interdépendance matériel/logiciel de la solution envisagée, la participation plus ou moins engagée des utilisateurs, la définition incomplète de certains aspects et le fait que les spécifications exactes et précises ne seront souvent véritablement connues qu'en fin de projet.

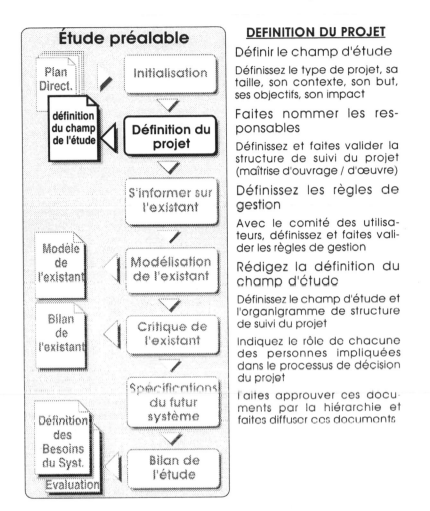

DEFINITION DU PROJET

Définir le champ d'étude

Définissez le type de projet, sa taille, son contexte, son but, ses objectifs, son impact

Faites nommer les responsables

Définissez et faites valider la structure de suivi du projet (maîtrise d'ouvrage / d'œuvre)

Définissez les règles de gestion

Avec le comité des utilisateurs, définissez et faites valider les règles de gestion

Rédigez la définition du champ d'étude

Définissez le champ d'étude et l'organigramme de structure de suivi du projet

Indiquez le rôle de chacune des personnes impliquées dans le processus de décision du projet

Faites approuver ces documents par la hiérarchie et faites diffuser ces documents

Les personnes impliquées dans la **définition du projet** sont les plus hautes instances hiérarchiques, le Chef de projet et un expert dans le domaine de gestion concerné par le projet.

Diriger un projet

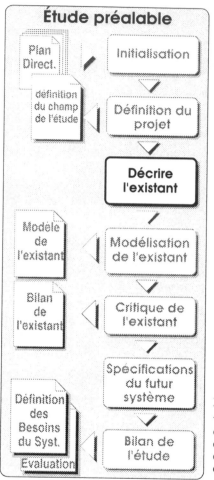

Étude préalable

Plan Direct.

Initialisation

définition du champ de l'étude

Définition du projet

Décrire l'existant

Modèle de l'existant

Modélisation de l'existant

Bilan de l'existant

Critique de l'existant

Spécifications du futur système

Définition des Besoins du Syst.
Évaluation

Bilan de l'étude

ETUDE DE L'EXISTANT [1]

Recensez les documents

Recueillez, copiez et classez les documents relatifs au système existant

Planifiez et conduire les entretiens

Préparez les entretiens (questions à poser, identification des personnes possédant l'information, prise de rendez-vous, etc.). Faites des fiches datées, copiez les documents manquants

Synthèse de l'existant

Faites une synthèse des entretiens. Faites une ébauche des flux de données (graphique de circulation des informations), puis un diagramme des flux de données (DFD). Revoir certaines personnes s'il y a lieu pour compléter les entretiens

Faites valider votre DFD par les personnes impliquées

Décrivez l'existant

À partir du DFD, donnez, selon vous les flux intrants et sortants, détaillez et expliquez ces flux, établissez les liens entre flux entrants et flux produits, découpez les procédures existantes en processus

Décrivez les tâches exécutées (diagramme de circulation des documents), décrivez le rôle de chaque poste de travail, décrivez les dépôts de données, décrivez les procédures utilisées, mettez tout par écrit et faites valider par *toutes* les personnes impliquées.

---

[1] À moins que cette étude de l'existant ait déjà été conduite dans un audit à part.

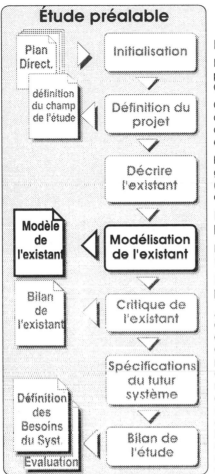

MODELISATION DE L'EXISTANT

Modélisez les traitements

Modélisez par processus à partir du DCD (Diagramme de Circulation des Documents)

Créez une liste des tâches, des conditions de déclenchement de ces tâches et des conditions de sortie

Faites valider le modèle organisationnel des traitements (MOT) par les personnes concernées.

Modélisation conceptuelle des traitements

Préparez le modèle conceptuel des traitements (MCT)

Modélisation conceptuelle des données

À partir de l'analyse des documents, établissez une vue externe des données par document puis, par fusion, préparez un modèle externe des données par acteur concerné. Créez ensuite le modèle conceptuel des données (MCD). Vérifiez la cohérence avec le MCT) et faites valider les modèles par la hiérarchie des utilisateurs et par les décideurs (impliquez l'administrateur des données s'il existe)

Pour **modéliser le système** d'information existant, les personnes impliquées sont : le Chef de projet, l'administration du système d'information, le comité des utilisateurs concernés, un expert du domaine de gestion concerné et un expert en modélisation de systèmes d'information (outil utilisé : un AGL de type *Silverrun*).

63

Diriger un projet

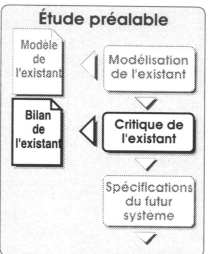

CRITIQUE DE L'EXISTANT

Faites le bilan de l'existant

Comparez le champ d'étude initial et ce qui a été réellement produit. Faites valider les bases de comparaison que vous comptez utiliser

Faites le diagnostic de la situation existante

Définissez vos critères qualitatifs et quantitatifs

Dressez le bilan organisationnel
Dressez le bilan fonctionnel
Dressez le bilan sur les postes de travail

Faites valider ces bilans.

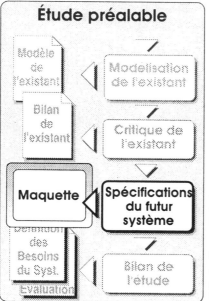

SPECIFICATIONS DU FUTUR SYSTEME

Définissez les objectifs

Analysez les synthèses des entretiens et le bilan de l'existant, sélectionnez les souhaits des utilisateurs et de leur hiérarchie, notez les dysfonctionnements, préparez la liste des orientations du futur système. réalisez une maquette

Définissez la future gestion

Définissez les nouvelles règles de gestion, conservez les règles de gestion qui doivent l'être

Définissez la future organisation

Conservez les règles d'organisation qui doivent l'être et définissez les nouvelles règles

Intervenants : Chef de projet, décideurs, utilisateurs.

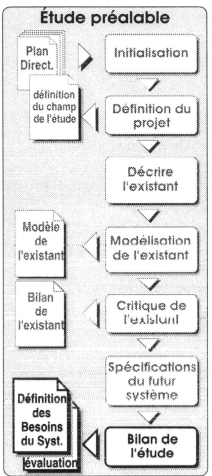

Rédigez le bilan final

Rédigez une première version du rapport final et soumettez-le à la validation des décideurs. Révisez le document s'il y a lieu

Effectuez le calendrier et l'évaluation du projet

Évaluez les coûts et les délais de la phase d'étude du système, évaluez le calendrier de réalisation des phases, déterminez le niveau des consultants ou des intervenants et planifiez leur intervention, étudiez les besoins en formation et proposez un plan de formation s'il y a lieu, évaluez les coûts et délais pour l'ensemble des phases du projet

Faites valider les documents

Il s'agit de la définition des besoins du système (DBS), de l'évaluation de la phase d'étude du système et de l'évaluation globale du projet.

Intervenants impliqués : Chef de projet et décideur au plus haut niveau. Si l'étude préalable propose plusieurs scénarios, il y aura lieu de procéder à une étude de ces solutions, à la sélection et à l'approbation de l'une des solutions proposées dans l'étude préalable. Une *maquette* permet de se rendre compte de ce que l'utilisateur désire.

Conception détaillée (prototype)

objectif : produire des spécifications détaillées et exhaustives des applications à effectuer et à mettre en oeuvre.

actions :

- vérifier la conception du projet :
  - ◦ hiérarchie des composants du programme, interface avec les données, contrôle des unités de réalisation [1] ;
  - ◦ structure logique et physique des données ;
  - ◦ prévision des ressources de traitement nécessaires ;
  - ◦ vérification de la cohérence, de la faisabilité.
- identifier les options techniques susceptibles d'influencer les coûts et les délais de la réalisation du projet ;
- mesurer l'impact des solutions proposées sur l'organisation ;
- élaborer des solutions d'organisation et d'automatisation couvrant l'ensemble des situations à gérer ;
- décrire *en détail* les traitements automatisés : maquettage des écrans et des états, description détaillée des règles de contrôle, des règles et algorithmes de calcul, taille, mode d'appel, sortie en cas d'erreur, entrées-sorties, etc. ;

---

[1] *Unité de réalisation* : équivalent à une fonction (unique) clairement définie pouvant être développée par un programmeur (entre 100 et 300 lignes de code).

66

- étudier la migration du système actuel vers le système futur : formations, saisies, etc. ;
- planifier les travaux de tests, d'intégration, de réalisation et de mise en œuvre (manuels);
- approuver le plan de test de recette ;
- version provisoire des plans d'intégration ;
- version provisoire des manuels d'emploi.

Les résultats produits par une *conception détaillée* sont différents de ceux issus d'une étude préalable sur les deux points suivants :

- d'une part par la conception de solutions couvrant *toutes* les situations (lors de l'étude préalable, la vision ne peut être que sélective) ;

- d'autre part, par une plus grande précision des solutions proposées (description de tous les écrans et de tous les traitements, élaboration d'un **prototype**, description exhaustive des données, etc.).

(La **maquette** ne donne qu'une idée générale du projet).

L'*étude préalable* privilégie une *vision globale* par rapport à la vision détaillée et exhaustive du futur système :

- en clarifiant les objectifs du nouveau système ;

- par la levée d'options organisationnelles, fonctionnelles ou de techniques-clés risquant d'influer sur l'enveloppe budgétaire et sur les délais de développement.

Diriger un projet

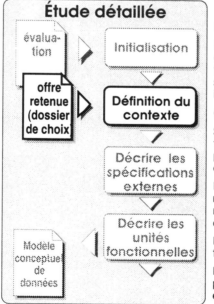

Étude détaillée

évalua-tion → Initialisation

offre retenue (dossier de choix)

Initialisation
↓
Définition du contexte
↓
Décrire les spécifications externes
↓
Décrire les unités fonctionnelles

INITIALISATION

Mise en place du projet

Évaluez les charges et délais en tenant compte des travaux effectués lors de l'étude préalable et de l'offre retenue (dossier de choix) ou s'il n'y a pas de scénarios, en fonction des orientations du plan directeur

Mise en place de la structure

Mettre en place les structures de validation et de décision. Découpez le projet en applications. Planifiez les équipes et les travaux à mener.

Planifiez les formations éventuelles.

Choisir les outils de gestion et de suivi de projet

Étude détaillée

évalua-tion → Initialisation

offre retenue (dossier de choix) → Définition du contexte

Initialisation
↓
Définition du contexte
↓
Décrire les spécifications externes
↓
Décrire les unités fonctionnelles

Modèle conceptuel de données

DEFINITION DU CONTEXTE

Mise en place du projet

Définissez les contraintes de conception fonctionnelle détaillée (ex. en matière de réseaux) ainsi que les contraintes internes et externes.

Choix des architectures

Spécifiez les architectures matérielles et logicielles à employer (batch, client/serveur, etc.)

Déterminez approximativement l'environnement matériel nécessaire et ses principales caractéristiques

Définissez les spécifications techniques

Prévoyez les extensions futures possibles (avec les utilisateurs et le constructeur du matériel)

68

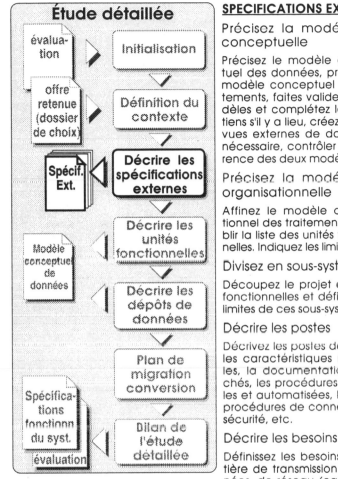

Étude détaillée

SPECIFICATIONS EXTERNES

Précisez la modélisation conceptuelle

Précisez le modèle conceptuel des données, précisez le modèle conceptuel des traitements, faites valider les modèles et complétez les entretiens s'il y a lieu, créez d'autres vues externes de données si nécessaire, contrôler la cohérence des deux modèles

Précisez la modélisation organisationnelle

Affinez le modèle organisationnel des traitements et établir la liste des unités fonctionnelles. Indiquez les limites

Divisez en sous-systèmes

Découpez le projet en unités fonctionnelles et définissez les limites de ces sous-systèmes

Décrire les postes

Décrivez les postes de travail : les caractéristiques matérielles, la documentation rattachés, les procédures manuelles et automatisées, l'aide, les procédures de connexion, de sécurité, etc.

Décrire les besoins

Définissez les besoins en matière de transmission de données, de réseau (caractéristiques), de charge, d'attente supportable, etc.

Personnes impliquées : le Chef de projet, un représentant de la hiérarchie des décideurs, un représentant des utilisateurs, un expert en organisation et un expert en réseaux et transmissions de données.

Diriger un projet

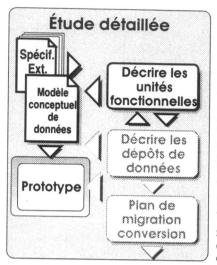

DEFINITION DES UNITES FONCTIONNELLES

Décrivez les unités fonctionnelles

Définissez en détail les unités fonctionnelles à partir du cahier des spécifications externes : définissez les entrées-sorties, la répartition homme-machine de chaque tâche, les grilles ou images écran, les dialogues homme-machine, l'"aide en ligne, les impressions, etc.

Décrivez les règles de gestion et de calcul

Spécifiez les règles de gestion et les règles de calcul pour chaque unité fonctionnelle

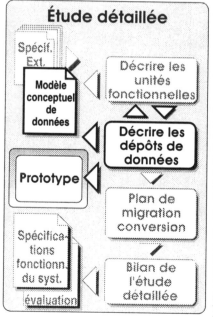

DEFINITION DES DEPOTS DE DONNEES

Définissez l'archivage

Définissez le mode de stockage des données

Optimisez le MLD

Optimisez le modèle logique de données, définissez les accès privilégiés, les chemins d'accès et la navigation dans la base, créez des index ou des tables si besoin est, définissez les contraintes (limites due à la structure)

Précisez les procédures

Précisez les procédures garantissant la sécurité, la disponibilité et l'intégrité des données, les contrôles nécessaires, les procédures de manipulation des données (création, suppressions, mise à jour, interrogation), spécifiez les procédures de reprise.

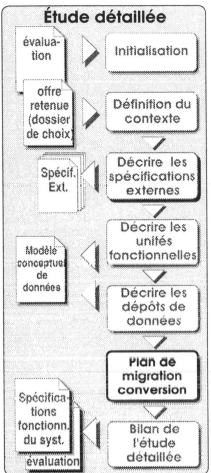

Étude détaillée

- évaluation → Initialisation
- offre retenue (dossier de choix) → Définition du contexte
- Spécif. Ext. → Décrire les spécifications externes
- Modèle conceptuel de données → Décrire les unités fonctionnelles
- Décrire les dépôts de données
- Spécifications fonctionn. du syst. → Plan de migration conversion
- évaluation → Bilan de l'étude détaillée

PLAN DE MIGRATION DE TRANSITION DE CONVERSION D'INSTALLATION DE RECETTE

Critères de recette

Définissez les critères à employer lors des tests de recette (Vérification d'aptitude VA et Vérification de Service Régulier VSR). Précisez les seuils en dessous desquels la recette ne sera pas prononcée

Définissez le plan des tests

Définissez le plan des tests de recette : éléments à tester, responsables, charges et outils de travail, temps nécessaire, etc. Faites valider et accepter le plan de tests par les décideurs hiérarchiques

Plan de transition, de migration, de conversion

Précisez les différentes étapes liées à la transition de l'ancien système vers le nouveau, indiquez les tâches donnant lieu à une transition, à une migration ou à une conversion évaluer les ressources machine nécessaires, les délais, établissez un plan, faites le valider et accepter par les décideurs.

Plan d'installation

Définissez la procédure d'installation du nouveau système, les tâches, leur durée, les ressources nécessaires, etc. Faites valider et accepter le plan d'installation.

Personnes impliquées : le Chef de projet, un représentant de la hiérarchie des décideurs, un représentant utilisateur.

71

Diriger un projet

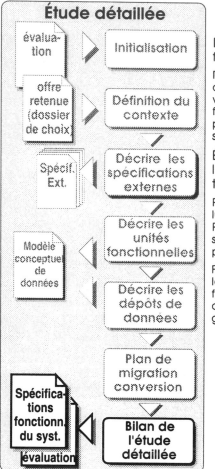

BILAN DE L'ETUDE DETAILLEE

Dossier de spécifications fonctionnelles

Rédigez le dossier de spécifications fonctionnelles du nouveau système d'information, faites-le valider et accepter par les décideurs après révision éventuelle

Établissez le calendrier et l'évaluation de la réalisation

Préparez le calendrier et l'évaluation des phases suivantes. Planifier l'intervention des personnels ou des consultants prévus

Faites valider puis approuver le dossier des spécifications fonctionnelles détaillées ainsi que l'évaluation globale corrigée du projet

Personnes impliquées pour réaliser le bilan de l'**étude détaillée** : le Chef de projet et un décideur de la hiérarchie.

Réalisation (codage)

objectif :   production du système lui-même : programmes, base de données, fichiers, jeux d'essais,
documentation technique, etc.

actions : • étudier précisément des solutions informatiques à mettre en œuvre pour réaliser les applications, c'est-à-dire étudier l'architecture
technique des logiciels à développer et celle
des bases de données à implémenter ;
• coder les différents programmes ;
• préparer les commandes[1] et les utilitaires ;
• réaliser la documentation technique, les manuels utilisateur, le manuel d'exploitation ;
• réaliser des tests de conformité du logiciel
aux spécifications en constituant des jeux
d'essai et des tests unitaires par programme,
vérifiant non seulement les valeurs nomina-
les, mais aussi des valeurs extrêmes ou particulières. vérifier également, pour chaque unité, les options d'entrée-sortie et les messages
d'erreur ;
• réaliser les tests d'intégration ;
• vérifier la conformité aux normes et standards ;
• prévoir la formation et les supports de cours ;
• fournir le système au maître d'ouvrage pour
la recette de ce dernier.

---

[1] *JCL - Job Control Language* : fichier de commandes de contrôle des tâche.

Diriger un projet

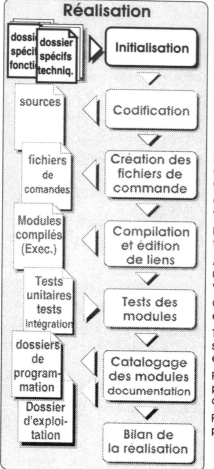

Réalisation

dossier spécif fonctio / dossier spécifs techniq. → **Initialisation**

sources ◁ Codification

fichiers de comandes ◁ Création des fichiers de commande

Modules compilés (Exec.) ◁ Compilation et édition de liens

Tests unitaires tests intégration ▷ Tests des modules

dossiers de program- mation ◁ Catalogage des modules documentation

Dossier d'exploi- tation → Bilan de la réalisation

INITIALISATION

Évaluer les charges

À partir du dossier des spécifi- cations fonctionnelles et du dossier des spécifications techniques, évaluez les char- ges et les délais pour la réa- lisation

Mettre les structures en place

Identifiez les structures de vali- dation et de décision pour approuver les travaux

Composez les équipes de dé- veloppement

Identifiez et planifiez la forma- tion nécessaire s'il y a lieu

Affectez les ressources hu- maines et planifiez leurs inter- ventions

Choisissez les outils de gestion et de suivi de projet

Transmettez les dossiers de spécifications détaillées aux équipes de réalisation

Faites ouvrir un dossier de programmation pour chacun des modules.

Faites ouvrir un dossier d'ex- ploitation.

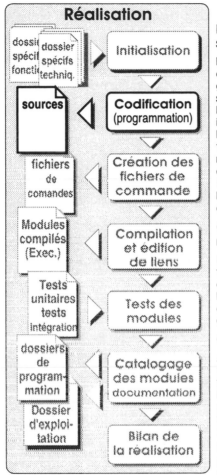

Réalisation

- dossi spécif fonctio / dossier spécifs techniq. → Initialisation
- **sources** ◁ **Codification** (programmation)
- fichiers de comandes ◁ Création des fichiers de commande
- Modules compilés (Exec.) ◁ Compilation et édition de liens
- Tests unitaires tests intégration ▷ Tests des modules
- dossiers de programmation ◁ Catalogage des modules documentation
- Dossier d'exploitation → Bilan de la réalisation

CODIFICATION

Révisez les normes et standards

Révisez les normes et standards en matière de programmation et d'exploitation selon le langage retenu pour la codification des modules, indiquez les restrictions liées au langage et les règles d'utilisation des outils de développement s'il y en a (ex. standards en matière d'ergonomie sur Mac ou sous Windows : couleurs, place des menus, dessin des fenêtres, aide, etc.)

Organisez l'environnement de développement

Définissez l'organisation à mettre en place pour permettre aux programmeurs de travailler dans de bonnes conditions, avec la documentation nécessaire, etc.

Contrôlez la codification

Assurez-vous de la bonne transcription des spécifications techniques en code source. Faites vérifier et mettre au point les codes sources, puis faites corriger les défauts détectés et optimiser le code.

Veillez à ce que le dossier de programmation soit complété pour chacun des modules.

75

Diriger un projet

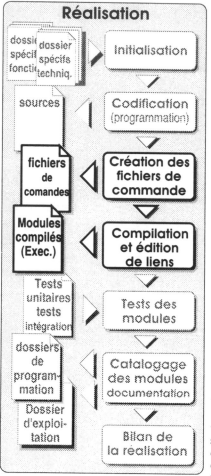

Réalisation

- dossier spécif fonctic / dossier spécifs techniq. → **Initialisation**
- sources → **Codification** (programmation)
- **fichiers de comandes** ◁ **Création des fichiers de commande**
- **Modules compilés (Exec.)** ◁ **Compilation et édition de liens**
- Tests unitaires tests intégration → **Tests des modules**
- dossiers de programmation ◁ **Catalogage des modules** documentation
- Dossier d'exploitation → **Bilan de la réalisation**

CREATION DES JCL, COMPILATION EDITION DES LIENS

Faites faire les fichiers de commande (J.C.L.) pour la compilation

Contrôlez les fichiers de commande et assurez-vous des bibliothèques logicielles nécessaires pour effectuer les éditions de liens des codes sources

Faites faire les fichiers de commande (J.C.L.) pour les tests unitaires et les tests d'enchaînement

Contrôlez les fichiers de commande des tests unitaires, des tests d'intégration (enchaînement) et d'exploitation

Contrôlez la compilation

Assurez-vous de la bonne exécution de la compilation des modules

Faites vérifier et mettre au point les codes sources en cas d'erreur de compilation ou d'erreur d'édition de liens

Faites corriger les défauts détectés et faites recompiler. Assurez-vous du résultat des compilations et veillez à ce que les dossiers de programmation soient complétés au fur et à mesure

76

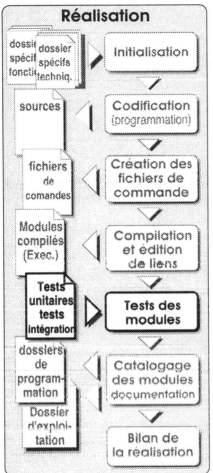

Faites faire les jeux d'essai

Contrôlez la création de jeux d'essai (saisie ?), préparez les données nécessaires en vue de tester les modules un à un

Faites faire les tests unitaires

Contrôlez que tous les tests unitaires prévus aient bien été passés. Faites reprendre les modules erronés et recommencez les tests après compilation et édition de liens

Faites faire les tests d'intégration (ou d'enchaînement)

Assurez-vous que tous les tests unitaires prévus aient bien été passés avant de procéder aux tests d'intégration.

Faites reprendre les modules erronés et recommencez les tests unitaires, puis les tests d'intégration après compilation et édition de liens

Créez un dossier de tests

Recueillez tous les résultats des différents tests et constituez un dossier clair et précis.

Suivez la documentation

Veillez à la documentation des modules (aide en ligne, etc.)

77

Diriger un projet

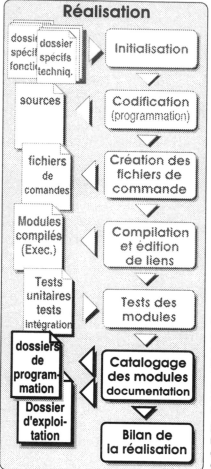

Réalisation

- dossier spécif fonctio / dossier specifs techniq. → Initialisation
- sources → Codification (programmation)
- fichiers de comandes → Création des fichiers de commande
- Modules compilés (Exec.) → Compilation et édition de liens
- Tests unitaires tests intégration → Tests des modules
- dossiers de programmation / Dossier d'exploitation → Catalogage des modules documentation
- → Bilan de la réalisation

CATALOGAGE DES MODULES DOCUMENTATION (Fin de phase réalisation)

Cataloguez les modules

Contrôlez le catalogage des modules sources et des modules objet (exécutables) qui ont subit tous les tests avec succès. Complétez la documentation des modules en indiquant où se trouvent ces modules

Cataloguez les J.C.L.

Contrôlez que tous les fichiers de commande de compilation, de tests unitaires, de tests d'intégration et d'exploitation sont bien catalogués. Complétez le dossier d'exploitation à ce sujet.

Faites validez la documentation

Faites régulièrement valider la documentation (dossiers de programmation, dossier de tests et dossier d'exploitation) par le responsable de l'équipe de développement et par le Chef de projet.

Faites rédiger et approuver les manuels utilisateurs (modules et exploitation) à partir des dossiers techniques de programmation, tests et exploitation.

Mise en œuvre

objectif : réaliser toutes les tâches d'accompagnement nécessaires à la mise en œuvre de l'application réalisée et à la migration du système existant vers le système futur. La *vérification d'aptitude* (VA) du système peut être faite soit sur le *site de développement* avant mise en œuvre, soit sur le (premier) site d'exploitation appelé *site pilote*.

actions préliminaires :
- faire passer avec succès les tests de recette ;
- vérifier le respect du cahier des charges ;
- vérifier le respect des performances exigées dans le cahier des charges : temps de prise en charge, de réponse, de traitement, etc. ;
- vérifier la présence de tous les éléments constituant la fourniture de logiciels : rapports, manuels, documentation, etc. ;
- édicter les règles de prise en compte des demandes de modifications ;
  - définir le rôle du comité de modification ;
  - définir les critères d'acceptation et de refus (ou de report) ;
  - évaluer les délais, le coût ;
  - évaluer les impacts ;
  - recenser les impacts contractuels (avenants, pénalités de retard, etc.)

79

Diriger un projet

La *généralisation* du système à d'autres sites sera décidée après le bilan du fonctionnement du système sur les sites pilotes à l'issue de la *vérification de service régulier* (VSR).

actions pendant la mise en oeuvre sur site pilote :

- planifier la mise en œuvre ;
- préparer les locaux et installer les équipements du site pilote ;
- faire la recette des équipements (*vérification d'aptitude* et *vérification de service régulier*) ;
- installer le système sur le site pilote ;
- former les utilisateurs du site pilote ;
- effectuer la recette de l'application (*vérification d'aptitude* et *vérification de service régulier*) ;
- initialiser les données réelles ;
- réaliser la documentation destinée aux utilisateurs et la documentation d'exploitation ;
- préparer les supports de formation.

actions pendant la généralisation :

- installer les autres sites : équipements, locaux, système ;
- recette des équipements complémentaires ;
- former les utilisateurs et les exploitants ;
- initialiser les données réelles.

Évaluation du système

objectif :   après une période suffisante d'utilisation opérationnelle du système, comparer les services rendus par le système mis en place avec les objectifs initiaux et les besoins des utilisateurs, faire ressortir les demandes d'évolution.

actions :

- effectuer le bilan[1] du système installé en le comparant aux objectifs initiaux et identifier les thèmes d'amélioration sur les points suivants :

  - degré d'utilisation du système ;
  - économies constatées du fait de la mise en place du nouveau système ;
  - avantages fonctionnels ou organisationnels apportées réellement par le système.

- élaboration d'un plan d'action : actions de maintenance des logiciels, formation complémentaire, etc.

---

[1] Le bilan peut s'appuyer sur des enquêtes auprès d'utilisateurs ou d'exploitants.

81

Différents types de projet

La conduite d'un projet de système d'information doit être adaptée aux *enjeux* du projet. En effet, les enjeux peuvent être de nature ou d'importance différentes d'un projet à l'autre.

Les critères de *différenciation* principaux à prendre en compte peuvent être très différents selon les projets.

Taille du projet

◊ un *petit* projet est un projet impliquant moins de 30 mois/homme[1] (quelques personnes, quelques mois) ;

◊ un projet *moyen* est un projet impliquant de 30 à 100 mois/homme ;

◊ un *grand* projet implique de 100 à 1000 mois/homme (plus d'une dizaine de personne en pointe et plus d'un niveau hiérarchique) ;

◊ un *très grand* projet implique plus de 1000 mois/homme (à partir de 40 personnes en pointe).

> *Plus le projet est important, plus les exigences en matière de pilotage et de qualité seront fortes* [2].

---

[1] Dans cette unité de mesure, le mois compte 18 jours ouvrables en moyenne.

[2] Source : *Guide de direction de projet,* Ministère de la Défense, déc. 92

Portée du projet

Portée au niveau d'une direction, d'une filiale, etc. :

> *Plus le nombre de personnes et de services touchés par le système est grand, plus il sera difficile d'animer la concertation entre toutes les parties concernées par le projet d'où la nécessité de mettre en place des structures de pilotage fortes* [1].

Rôle du projet

Le rôle du futur système peut être *novateur* ou *tendanciel* :

◊ par rapport aux *règles de gestion* (exemple : introduction de nouvelles règles de gestion du personnel) ;

◊ par rapport à *l'organisation* (exemple : révision des *procédures* et des *profils de poste* suite à une décision de déconcentration, introduction d'un *progiciel* en substitution d'un logiciel spécifique existant, etc.) ;

◊ par rapport à la *technologie* (introduction d'outils de développement nouveaux sur le marché ou nouveaux pour la direction, introduction de nouveaux moyens de communication).

> *Un projet novateur comporte plus de risques et engendre souvent des travaux supplémentaires (affinement des besoins, appel à des experts, formation de personnel, tests ou expérimentation, actions de conduite du changement)* [1]

---

[1] Source : *Guide de direction de projet,* Ministère de la Défense, déc. 92

à contrario :

> *Si un projet se situe fortement en continuité par rapport à un cadre existant, il faut s'assurer de la pertinence des outils déjà utilisés*[1].

Dominante matériel ou logiciel

Par exemple, la dominante, pour un projet bureautique, se situe au niveau du matériel et des outils standards :

> *Si le projet a une composante matériel forte on fera davantage appel à des experts ou à des techniciens*[1].

Réutilisation de logiciels/progiciels

Il s'agit de l'opportunité de *réutiliser* des logiciels déjà *existants* (progiciel du marché ou logiciel spécifique à un organisme interne ou externe à l'entreprise) :

> *La démarche d'étude doit être adaptée si une solution doit être bâtie autour d'un progiciel ou si l'enjeu de l'étude est de choisir entre une solution spécifique et une solution d'adaptation de progiciel*[1].

Catégories de projets

- projets d'implantation d'un progiciel ;
- projets de développement d'un progiciel ;
- projets de gestion ;

---

[1] Source : *Guide de direction de projet,* Ministère de la Défense, déc. 92

- projets de maintenance (logiciels) ;
- projets de système (d'arme) ;
- projets de système (d'exploitation).

Les différences entre ces catégories de projets peuvent être observées en matière de répartition du temps par phases, en matière de répartition des activités et en matière de répartition par spécialistes. En revanche, les problèmes de gestion et les problèmes humains restent similaires.

Nouvelles techniques

Dans les *nouvelles techniques* de plus en plus utilisées dans les projets, on remarque, entre autres :

- l'utilisation du prototypage ;
- le développement incrémental ;
- les infocentres (services offerts, messageries, etc.) ;
- les langages de quatrième génération (ex. : SQL) ;
- les langages orientés objets ;
- les progiciels ;
- les systèmes *jetables* (à durée de vie très limitée) ;
- les systèmes coopératifs (ensemble micros-mainframes);
- les systèmes distribués.

Coûts

- le forfait à prix ferme et définitif ;
- le forfait indexé ;
- le forfait avec pénalités en cas de retard (et bonus) ;
- la facturation du temps réellement passé (régie), etc.

85

Écarts d'évaluation des coûts

Nom de la phase	Tâches à effectuer dans cette phase (méthode SDM/S)	% de charge sur global	% d'erreur sur l'évaluation des charges	Livrables en fin de phase
DBS	Définition des Besoins du Système. Étude de l'existant, des solutions. Définition des orientations futures.	6 % (du coût global)	± 30 à 35 %	Dossier de choix
CAS	Choix de l'Architecture du Système (en fonction de la solution retenue). Identification des scénarios possibles.	13 %	± 25 à 30 %	Cahier des charges
SES	Spécifications Externes du Système. Description des UT fonctionnelles et analyse organique générale. Préparation de la VABF.	25 % + 6%	± 15 à 20 %	Dossier des spécifications fonctionnelles
SIS	Spécifications Internes du Système. Analyse organique détaillée. Conception physique des SGBD(R). Spécifs PRG.	5 %	± 5 à 10 %	Dossier des spécifications internes
PRG	Développement des UT (PRoG) fonctionnelles. Tests unitaires.	20 %	± 0 à 5 %	Dossiers des programmes
CONV	Conversion de l'ancien système. Initialisation des données de référence.	4 %	-	Plate-forme de tests OK
TST	Réalisation des TeSTs d'intégration. Réalisation VABF	17 %	-	**Recette** VABF
MPP	Mise en Place du site Pilote. Préparation de la VSR. Prononciation de la VSR.	4 %	-	**Recette** VSR
BILAN	Prononciation du **BILAN** du système après examen. accord de généralisation.	-	-	-
GENE	Installation provisoire sur tous les sites. Généralisation. Bilan définitif.	-	-	-

UT   : Unités de Traitement (programmes).
VABF : Vérification de Bon Fonctionnement.
VSR   : Vérification de Service Régulier.

(Voir le paragraphe **ESTIMATION DES COÛTS**, plus loin).

Outils de gestion de projets

Les premières méthodes de gestion de projets datent d'il y a plus de trente ans et faisaient appel au crayon et au papier. Ces techniques se sont améliorées, puis ont été informatisées sous la forme de logiciels de gestion de projets fonctionnant sur des ordinateurs individuels. Ces outils ont pour fonction de gérer le temps, les coûts et les ressources et s'adresse à ceux qui veulent planifier, suivre et analyser des projets complexes de toutes sortes, qu'il s'agisse de projets immobiliers, de la création d'un prototype, d'une campagne publicitaire ou de projets informatiques.

Ces logiciels permettent de planifier les étapes et leurs dates de début et de fin. Si l'une des étapes prend du retard, il sera possible de visualiser les conséquences sur les étapes suivantes ou déterminer quelles sont les étapes clés sur lesquelles un retard éventuel ne serait pas acceptables. Les quelques produits listés ci-après comportent les principaux outils de gestion permettant de planifier un projet, de créer des tâches, de leur affecter des ressources (humaines et/ou matérielles), d'indiquer le coût de ces ressources et de calculer le *chemin critique*, c'est-à-dire l'enchaînement des tâches qui ne doit pas subir de retards (on dit aussi «glissements»). Ces logiciels permettent de modifier les différents éléments pour effectuer des simulations permettant de constater les impacts éventuels sur le budget ou ceux dus à des retards (fonction *What if*).

87

Diriger un projet

L'un des composants essentiels de ces logiciels est le *réseau PERT* (*Program Evaluation Review Technique* : technique de révision d'évaluation de programme ou de projet) qui se présente sous forme graphique et ressemble à un organigramme informatique horizontal figurant les liens entre les diverses tâches. Ce *réseau PERT* permet de visualiser le «chemin critique» d'un projet.

L'autre composant essentiel est le *diagramme de GANTT* (Henry GANTT) qui est orienté sur la gestion du temps et indique les dates de début et de fin des différentes tâches (activités) composant un projet.

La planification des tâches ou activités d'un projet dans le *diagramme de GANTT* permet de déduire la date de fin de projet à partir de la date de début et du cumul de la durée des différentes tâches. Dans le chemin critique, un retard dû à l'une des tâches entraînera la modification de la date de fin de projet. Il est possible d'effectuer une *planification inverse* lorsqu'un projet doit être impérativement terminé à une date fixée à l'avance.

La planification repose sur un *calendrier* qui tient compte des jours ouvrables, des jours fériés, des absences (maladie, etc.) et des vacances. Les jours ouvrables peuvent être découpés en un certain nombre d'heures de travail. Les indisponibilités de certaines ressources (équipements, matériels, etc.) peuvent y être indiquées.

88

Outils de suivi de projets

Certains logiciels conservent le plan initial et il est possible de comparer ce plan au plan actuel modifié (fonction *Compare to baseline*). En principe, tous ces logiciels affichent le *réseau PERT* et le *diagramme de GANTT*.

Produits pour PC et compatibles

CA Super-project

CA Super Project emploie une interface basés sur des menus ou basé sur des commandes. *CA Super Project* est édité par *Computer Associates* et il est relativement complexe à utiliser compte-tenu des nombreuses options qu'il offre. Il supporte les réseaux locaux *Novell*, *Token Ring*, *3COM* et *Banyan* en version réseau et offre une ergonomie de type Windows et de multiples protections par mots de passe.

On Target

On Target, de *Symantec Corporation*, est un logiciel facile à utiliser, permettant à un néophyte de définir rapidement le plan d'action et le budget d'un projet. Il gère jusqu'à 1500 tâches par projet et un nombre illimité de ressources par tâche. On peut établir des liens graphiques temps/ressources avec la souris. Douze exemples permettent de gagner du temps en les adaptant au projet à suivre. C'est le moins cher sur PC. Il contient une aide en ligne et un didacticiel.

89

Diriger un projet

PSN V

Il s'agit d'un gestionnaire multi-projets édité par *Scitor Corporation* qui permet des simulations en temps réel, des analyses et des synthèses. Son interface est entièrement graphique, ce qui est la moindre des choses pour un logiciel de ce type. Il sait gérer plusieurs projets et pratique le nivellement des ressources. Il gère 2000 activités par projet et 500 ressources par tables. Il produit des états de taille réglable et gère les tables traçantes. Cher, mais moins que la version *PSN V XL* qui autorise 7500 activités par projet et 4000 ressources par table et qui fonctionne également sous OS/2.

Microsoft Project pour Windows

Ce logiciel de Microsoft est facile à utiliser dans sa fonction de simulation «*What if*». Les utilisateurs de Windows restent en terrain connu, ce qui facilite l'utilisation. Il est totalement compatible avec *Project pour Macintosh*.

Time Line

Ce logiciel, de *Symantec Corporation*, répond aux besoins des chefs de projet et comporte de nombreuses fonctions avancées comme la planification inverse à partir d'une date buttoir. *Time Line* utilise une interface similaire à Lotus 1-2-3. Il gère jusqu'à 1000 tâches et 300 ressources. Il importe/exporte des fichiers *Lotus, Excel, dBase, ASCII, Quattro Pro, Symphony* et *On Target*.

90

Produits pour Macintosh

Mac Project

Très convivial, ce logiciel de gestion de projets de *Claris Corporation* peut être pris en mains en quelques minutes. Il utilise des graphiques interactifs pour créer les tâches et définir les liens de dépendance entre celles-ci sous forme de *diagramme de GANTT* et de *réseau PERT*. On peut copier les diagrammes dans *MacDRAW* (Claris) pour les retouches graphiques ou ajouter des commentaires, changer de taille, de police de caractères, etc. ou directement dans un rapport établit sous un traitement de texte comme *WORD*. Sa documentation est simple est claire et il comprend un dictionnaire pour les corrections orthographiques. C'est aussi le produit le moins cher.

Microsoft Project pour Macintosh

Similaire à *Project pour Windows* et totalement compatible avec ce dernier, ce produit Microsoft offre exactement la même interface graphique et la même facilité d'accès. Il permet de visualiser le *diagramme de GANTT*, *le réseau PERT*, le plan global, le tableau d'utilisation des ressources, des histogrammes concernant ces ressources, etc. Il peut gérer simultanément jusqu'à neuf projets. Il importe et exporte aussi aux formats Excel, ASCII et MPX (échange avec minis et grands systèmes). Il gère jusqu'à 2000 tâches et 2000 ressources par projet.

91

Découpage d'un projet

Un projet peut se découper :

- selon le *cycle de développement* : en *phases* mais aussi plus finement en *étapes* et en *tâches* ;
- selon des *critères fonctionnels, techniques ou budgétaires* : en *tranches* ou en *sous-projets*. Ex. identification d'un sous-projet *prototypage*.
- selon un *lotissement* contractuel (sous-traitance).

Le découpage en *sous-projets* peut résulter de contraintes de *planification*, de *priorités de développement* ou de contraintes *budgétaires*. Cependant, le découpage en sous-projets doit respecter une *cohérence* fonctionnelle.

Étapes d'un projet

Le développement d'une *phase* peut être long et jalonné de *résultats intermédiaires* ou *livrables* qui constituent des *points de référence* indispensables pour les travaux suivants. Aussi, est-il nécessaire de découper chaque *phase* en *étapes*.

Chaque *fin d'étape* permet de contrôler et de valider des *résultats (ou livrables) intermédiaires*.

> Normalement, le projet *ne peut pas être remis en cause* en fin d'étape.

92

Le découpage d'une *phase* en *étapes* dépend de la méthode de conception adoptée. Par exemple, dans la méthode Merise *l'étude préalable* est découpée en quatre étapes :

- observer le système d'information existant ;
- concevoir un nouveau système ;
- étudier son impact sur l'organisation ;
- apprécier et planifier le lancement des scénarios proposés.

(Une grille de correspondance entre les découpages AFNOR, Merise et SDM/S est indiquée en annexe).

Identification des tâches

Le découpage en *phases* et en *étapes* correspond à la fourniture de *résultats* ou *livrables*. La description plus fine de ce qu'il faut faire pour parvenir à ces *résultats* ou *livrables* en prenant en compte le *«comment»* aboutit à l'identification de *tâches*. Chaque tâche représente une *activité* à déployer dans un centre d'intérêt sous l'autorité d'un *responsable*. Ce niveau de finesse prend en compte d'autres critères que ceux préconisés par les méthodes de conception comme par exemple la répartition de tâches entre concepteurs. De ce fait ce niveau intéresse plus les *«producteurs»*, c'est-à-dire les concepteurs ou les réalisateurs que les non-informaticiens.

93

Diriger un projet

Par définition une *tâche* n'a pas un niveau de finesse immuable. Chaque tâche peut se décomposer en d'autres tâches définissant plus précisément le travail à faire. Ainsi, *l'étape d'observation* dans une *étude préalable* Merise peut se décomposer en tâches :

- circonscrire le champ de l'étude ;
- identifier les interfaces avec d'autres domaines ;
- préparer les entretiens ;
- etc.

Estimation globale du coût

Nom de la phase	Tâches à effectuer dans cette phase (méthode SDM/S)	% de charge sur global	Charge théorique brute	Livrables en fin de phase
DBS	Définition des Besoins du Système. Étude de l'existant, des solutions. Définition des orientations futures.	8 % (du coût global)	Exemple : 80 jours/h.[1] (sur 1000 jours)	Dossier de choix
CAS	Choix de l'Architecture du Système (en fonction de la solution retenue). Identification des scénarios possibles.	8 %	80	Cahier des charges
SES	Spécifications Externes du Système. Description des UT fonctionnelles et analyse organique générale. Préparation de la VABF.	19,2 % + 4,8 %	192 48	Dossier des spécifications fonctionnelles + Prototype
SIS	Spécifications Internes du Système. Analyse organique détaillée. Conception physique des SGBD(R). Spécifs PRG.	9 %	90	Dossier des spécifications internes
PRG	Développement des UT (PRoG) fonctionnelles. Tests unitaires.	31 % + 6,8 %	310 68	Dossiers des programmes
CONV	Conversion de l'ancien système. Initialisation des données de référence.	7,2 %	72	Plate-forme de tests OK
TST	Réalisation des TeSTs d'intégration. Réalisation VABF	3 %	30	**Recette** VABF
MPP	Mise en Place du site Pilote. Préparation de la VSR. Prononciation de la VSR.	3 %	30	**Recette** VSR
BILAN	Prononciation du **BILAN** du système après examen. accord de généralisation.	100 % (théorique)	1000 jours/h (exemple)	-
GENE	Installation provisoire sur tous les sites. **Géné**ralisation. Bilan définitif.	-	-	-

VABF : **V**érification de **B**on **F**onctionnement.
VSR : **V**érification de **S**ervice **R**égulier.

[1] Multipliez les jours par les valeurs moyennes selon les profils (p. 123).

Rater un projet

Avec toute la rigueur des méthodologies et des méthodes développées dans ce livre, ce chapitre peut paraître inutile. Et pourtant, un grand nombre de projets continuent à présenter des dérives importantes.

L'organigramme ci-dessous est bien connu des professionnels de l'informatique. Je n'ai pas pu résister au plaisir de l'insérer dans ce chapitre.

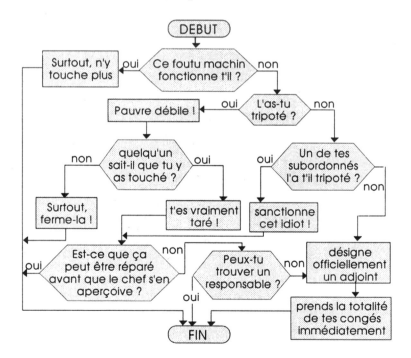

«Comment dégager sa responsabilité de Chef de projet !»

Lois, règles et légendes

Puisqu'on y est, autant vous faire partager l'humour des différentes «lois» connues dans la profession comme les lois de Murphy ou celles de Golub (*une tartine avec de la confiture dessus tombera toujours du côté de la confiture* [1]) dites *«lois de l'emmerdement maximum»* ainsi que d'autres lois dont je ne me rappelle plus les auteurs [2].

> Un programme croit régulièrement jusqu'à occuper la totalité de la mémoire vive disponible.

> Un fichier croit régulièrement jusqu'à occuper la totalité de l'espace disque disponible.

> Lorsqu'un programme fonctionne mal, on n'y touche pas, mais on augmente la documentation qui le concerne.

> Aucun grand projet informatique n'est achevé dans les délais, dans les limites budgétaires prévues à l'origine et avec les mêmes responsables qu'à son initialisation.

> Aucun grand projet ne fait ce qu'il est censé faire. Votre projet ne sera donc pas le premier à observer cette règle.

---

[1] La réponse va de soi : vous avez mis la confiture du mauvais côté !
[2] La plupart de ces lois m'ont été rappelées par Frédéric Georges Roux.

Diriger un projet

L'avantage consistant à fixer des *objectifs flous* à un projet est qu'il n'est pas nécessaire de se casser la tête pour faire des estimations très précises.

L'effort nécessaire à fournir pour atteindre les objectifs prévus *croit géométriquement* avec le temps.

Les objectifs tels qu'ils sont définis par celui qui les a décidés sont *interprétés* de manière différente par chacune des autres personnes impliquées dans le projet.

Variante : Si vous expliquez quelque chose de manière la plus limpide et la plus claire possible, schémas, graphiques, calendriers et transparents à l'appui, de telle manière qu'il *ne soit pas imaginable* que vos explications ne soient pas bien comprises et assimilées par tout le monde, ce sera le cas de quelqu'un.

Variante : si vous pensez avoir pris une décision qui a emporté *l'adhésion sans réserve* de tout le monde, il y en aura *au moins un* qui n'aimera pas ça.

Plus la *complexité technique* d'un projet est importante, moins il faudra un technicien pour diriger ce projet. Donc, trouvez un bon gestionnaire, celui-ci trouvera les bons techniciens et experts pour se faire assister.

Note : l'inverse n'est jamais vrai.

Un projet *mal planifié* prendra trois fois plus de temps à réaliser que prévu alors qu'un projet *bien planifié* ne prendra que deux fois plus de temps.

S'il y a le moindre risque que quelque chose aille mal, ça ira mal (Loi de Murphy).

S'il est quasiment impossible que quelque chose marche mal, ça marchera mal quand même (le même).

Ou encore : Quand les choses ont l'air d'aller bien, quelque chose ira mal (encore le même).

Variante : Quand les choses ne peuvent vraiment pas devenir pire, elles le deviendront (encore le même).

Variante : Quand les choses semblent s'arranger et aller mieux, c'est que vous avez sans doute oublié de prendre en compte quelque chose de très important.

Les groupe de projet détestent les *comptes-rendus hebdomadaire* (ou mensuels) d'avancement du projet car ceux-ci mettent trop en lumière *l'absence de progrès*.

Tous les projets progressent rapidement jusqu'à atteindre 90 % de leur achèvement, puis ils restent *inachevés* à 90 % *pour toujours*.

Diriger un projet

> Si on laisse libre la maîtrise d'ouvrage ou les utilisateurs de *modifier les règles de gestion*, le taux de changement dépassera rapidement le taux d'activité du projet.

> Si l'utilisateur ne croit pas au système ou si celui-ci ne répond pas à ses besoins, il créera un *système parallèle* et ni l'un, ni l'autre ne fonctionneront très bien.

> Aucune de ces lois, règles et légendes n'est immuable. C'est à vous d'en apporter la preuve.

Ci dessous, vous trouverez un dessin également très connu dans la profession depuis plus de 20 ans :

Ce que voulait le client

Ce que lui a proposé la cellule méthodes

Ce qu'a conçu l'équipe projet

Ce qui a été réellement produit

Comment on l'a modifié

Ce dont avait vraiment besoin le client

Réussir un projet

Ce paragraphe et les deux suivants s'inspirent du Guide de direction de projet du ministère français de la défense.

Un projet *réussi* est tout d'abord un projet dont *les coûts* et *les délais* ont été *maîtrisés*. Cependant cette condition n'est pas suffisante, un projet ayant abouti dans les délais et pour le budget prévu ne constitue pas forcément pour les utilisateurs finaux une réussite s'il **ne satisfait pas à leurs besoins**. Il faut donc de plus que le système réponde à la *qualité* requise. Les organismes normatifs et l'ISO définissent la *qualité* d'un produit ou d'un service comme *l'aptitude à satisfaire les besoins des utilisateurs*.

Pour que le système final livré soit conforme aux objectifs de coûts, de délais et de qualité, il faut :

- une maîtrise de la production des études ;
- une maîtrise de la réalisation ;
- une maîtrise de la mise en œuvre.

Et si le projet fait appel à la sous-traitance, il faut ajouter la maîtrise des aspects contractuels.

Lorsque le projet est important, il n'est pas rare qu'une évolution forte des *règles de gestion* ou de l'organisation accompagne la *refonte* du système d'information, le risque de *rejet* du nouveau système d'information n'est pas négligeable.

Diriger un projet

Cette situation exige la conduite d'études et d'actions de promotion particulières pour maîtriser le changement., car si le système ne répond pas aux attentes de l'utilisateur, celui-ci sera tenté de créer un *système parallèle,* plus adapté à ses besoins. On s'en rend compte lors d'études préalables où l'on découvre qu'il existe une multitude de *développements pirates,* créés *en dehors* du schéma directeur informatique, mais qui répondent aux besoins spécifiques de certains utilisateurs qui en sont les auteurs.

Après la mise en œuvre d'un nouveau système la *structure de projet* est dissoute et le produit est pris en charge par une *structure de maintenance.* Si le développement a été sous-traité, la maintenance est transférée du prestataire externe à un service informatique interne. La maîtrise de la *maintenance* du projet doit être un objectif pour le directeur de projet.

En effet, comme le traduit la notion de *cycle de développement,* un système n'est jamais définitivement figé, l'expression de besoins nouveaux des utilisateurs ou des nécessités techniques est un phénomène fréquent qui relance une évolution du système.

La mise en place d'une structure et d'une organisation efficace de maintenance doit être un souci pour la maîtrise d'ouvrage.

Exemples : qualité de la documentation, formation de programmeurs au domaine fonctionnel, etc.

Risques de dysfonctionnement

(Source : Guide de direction de projet MinDef)

Le déroulement d'un projet ne coïncide pas nécessairement avec l'image que l'on s'en faisait au départ soit par défaut de prévisions, soit par l'arrivée d'événements imprévisibles qui viennent perturber le cours du projet, des *aléas*.

Exemples d'aléas :

◊ aléas fonctionnels : évolution de la réglementation externe, changement imprévu des règles de gestion interne, etc. ;
◊ aléas techniques : défaillance des équipements, non disponibilité d'un outil nouveau, etc. ;
◊ aléas organisationnels : non disponibilité d'informaticiens ou d'utilisateurs imprévue, retard dans la fourniture d'outils ou d'équipements de développement, locaux non disponibles pour le développement du projet.

La maîtrise ne signifie donc pas seulement anticipation des risques et mesures préventives mais aussi connaissance en permanence des dérives et réaction appropriée et organisée aux aléas. Même si le maître d'œuvre a une responsabilité majeure dans la conduite du projet, le directeur de projet devra être informé par celui-ci des écarts par rapport aux objectifs initiaux et devra veiller à ce que des réactions appropriées soient prises en temps voulu.

Diriger un projet

Les causes principales de dysfonctionnement sont :

◊ une mauvaise prévision : mauvaise prévision des tâches à effectuer, mauvaise prévision des conséquences de la mise en place du nouveau système ;

◊ une mauvaise organisation : partage des rôles entre les intervenants imprécis, fonctions non identifiées, taux de participation trop flou ;

◊ une mauvaise communication : contexte et objectifs du projet méconnus, validations implicites, interlocuteurs concernés non impliqués, compte-rendu insuffisant du maître d'œuvre au directeur de projet ;

◊ des engagements contractuels mal définis entre la maîtrise d'ouvrage et la maîtrise d'œuvre.

Les conséquences de ces dysfonctionnements peuvent être un surcroît de charges, un allongement des délais, une mauvaise qualité du logiciel ou des services offerts aux utilisateurs pouvant aller même jusqu'au rejet de l'application.

Maîtriser le développement du projet

(Source : Guide de direction de projet MinDef)

D'une manière générale, sans distinction des phases et des types de problèmes rencontrés, vous trouverez des éléments contribuant à la maîtrise du projet, page suivante.

104

au plan des hommes :

- des intervenants compétents, disponibles et motivés : concepteurs, réalisateurs, utilisateurs, etc. ;

au plan de l'organisation :

- une implication forte de la hiérarchie ;
- des représentants maîtrise d'ouvrage et maîtrise d'œuvre désignés ;
- des structures de travail (groupes utilisateurs, de pilotage) et de décision (comité directeur, comité exécutif) équilibrées, effectives et représentatives ;
- des rôles bien définis pour chaque participant ;
- un plan de formation : méthode Merise, AGL, conduite d'entretiens ou de réunions, etc. ;
- un document de départ à l'intention de la maîtrise d'œuvre définissant clairement les objectifs du projet, les contraintes et les résultats attendus, les exigences de qualité et les travaux préalables ;
- un calendrier et un budget prévoyant à l'avance les tâches à effectuer et leur durée ;
- un tableau de bord et des procédures de contrôle de l'avancement ;
- des procédures de validation et de recette ;
- un plan d'action pour la maîtrise d'ouvrage ;

au plan des méthodes et des outils :

- une démarche : succession de tâches à assumer et de résultats à produire ;
- une méthode d'évaluation des charges ;
- une méthode de planification et de suivi de l'avancement permettant d'avoir en permanence une bonne visibilité sur l'avancement du projet ;
- un plan d'assurance qualité ;
- des outils : atelier de génie logiciel, outil de conduite de projet, etc.

Toutes ces dispositions préétablies et systématiques destinées à donner confiance en l'obtention de la qualité requise doivent être consignées dans un *plan d'assurance qualité (PAQ)*. Ce plan doit être spécifique à chaque projet et établi en fonction des *exigences qualité* formulées par la maîtrise d'ouvrage. Les exigences qualité doivent être traduites en *facteurs qualité* ou en *critères qualité* vérifiables.

(Source : Guide de direction de projet MidDef)

Le chapitre suivant est particulièrement sensible puisqu'il concerne la *métrologie, l'évaluation* ou le *chiffrement* des projets de systèmes d'information.

ESTIMATION DES COÛTS

L'évaluation du coût total d'un projet est une étape très importante qu'il ne faut pas négliger en affectant arbitrairement une enveloppe budgétaire calculée «au pif», «au doigt mouillé», «à la louche», etc. Les représentations imagées ne manquent pas ! L'un des plus graves défauts est la sous-évaluation d'un projet. Que ce soit pour des raisons personnelles, par optimisme, par besoin de gagner le marché, par désir de plaire ou encore pour des raisons plus techniques comme l'oubli de la prise en compte des outils logiciels nécessaires ou de la documentation, la sous-estimation de la phase des tests de mise au point, les raisons de sous évaluer le projet sont nombreuses. Ceci entraîne des dépassements de budget, de délais, etc.

Diriger un projet

Les questions à se poser, en matière d'évaluation, sont les habituelles questions : Quand ? Quoi ? Où ? Qui ? Comment ? Pourquoi ? Combien ?

Par exemple, les réponses possibles à «Quand ?» pourraient être les suivantes :

- à partir de l'analyse organique ;
- à partir de la modélisation des traitements et données ;
- à partir des contraintes connues ;
- à partir des spécifications externes ;
- après une définition suffisamment précise des besoins ;

Éléments à prendre en compte à la question «Quoi ?» :

- charge de travail : qui la supporte, à combien, quand ;
- délais des études et de la réalisation : durée des phases ;

Éléments répondants au «Comment ?» :

- unité de programmation : évaluation du nombre d'instructions, nombre d'hommes-mois nécessaires, délai prévu, méthode utilisée, etc. ;

C'est loin d'être aussi simple que ce qu'il n'y paraît. En effet, pour un projet dont la réalisation est évaluée à 150 homme-mois, vaut-il mieux prévoir 15 mois à 10 personnes, 30 mois à cinq personnes ou 1 mois à 150 personnes ? En fait, il faut tenir compte de la répartition inégale des phases, des contraintes d'enchaînement (chemins critiques dans un diagramme PERT) et des délais.

La précision des estimations varie en fonction du niveau de détail auquel on arrive.

- Au moment de l'étude d'opportunité (ou de *faisabilité*), l'incertitude sur les ressources humaines et matérielles ainsi que sur les données à manipuler atteint facilement un facteur de 4.
- En fin d'étude détaillée, lorsqu'on a une idée beaucoup plus nette sur les fonctions et sur la solution à retenir, on atteint encore un facteur de 2.
- Après spécifications détaillées, lors de la planification, ont en est à un facteur de 1,5.

  C'est seulement lors de la conception du projet que l'on tourne autour de 1,25 du coût réel (±10 %).

Imaginez un logiciel d'application qui nécessiterait 15 hommes-mois pour effectuer les tâches qui le composent. Ce logiciel est découpé en 5 tâches évaluées chacune à 1 mois de travail. Pour leur réalisation, on a prévu 3 personnes pendant 5 mois :

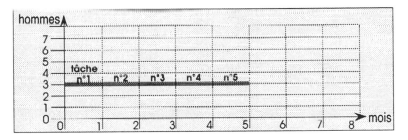

Que faut-il faire si la première tâche n'est achevée qu'au bout du deuxième mois ?

Diriger un projet

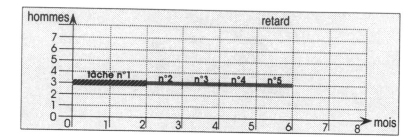

La tâche numéro 1 avait mal été estimée. Elle entraîne un retard d'un mois dont le coût se traduit en 3 hommes-mois supplémentaires. Le total est maintenant de 18 hommes-mois au lieu des 15 hommes-mois prévus.
Si l'on conserve le même nombre de personnes, le retard sera de 1 mois (délai total = 6 mois)[1].

Puisqu'il reste toujours 12 hommes-mois à employer pour terminer les tâches 2, 3, 4 et 5, si l'on veut tenir les délais initialement prévus, on peut essayer d'ajouter deux hommes-mois pour absorber le mois de retard (2 x 15 jours).
Cette décision prend deux semaines et la formation des deux «nouveaux» par les «anciens» prend deux semaines également :

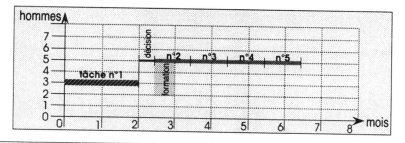

---

[1] Réminescences du séminaire *Gestion de projets,* CAP-SESA Institut, F.G. Roux, 92.

Les délais ne sont pas tenus et le nouveau coût total est maintenant de 26,5 hommes-mois.

On constate qu'ajouter du personnel dans un projet qui dérive ne fait que retarder encore plus ce projet (loi de Fred Brooks).

Méthodes d'estimation

Les méthodes peuvent être classées en diverses catégories :

❶ **modèles algorithmiques**[1] estimant le coût d'un projet en fonction de diverses variables jugées significatives. Les *avantages* de cette méthode sont : son objectivité, sa reproductibilité et sa simplicité. En revanche, les *inconvénients* peuvent être : la subjectivité des variables et la prise en compte du passé ;

❷ **estimation faite par plusieurs experts** (individuellement ou en groupe de travail) employant une méthode basée sur le consensus[2]. *Avantages* habituellement rencontrés dans ce cas : «*de la discussion jaillit la lumière*», la prise en compte globale du contexte et des événements exceptionnels. *Inconvénients* : estimation fortement influencée par les experts, non reproductibles, influençables et (souvent) «au pif».   .../...

---

[1] Il existe 4 types de modèles algorithmiques : linéaires, multiplicatifs, analytiques et tabulaires auxquels s'ajoute un modèle composite combinant les précédents modèles : *COCOMO* (Boehm), *RCA Prices* (Freitman-Park), *SPQR* (Jones), *SLIM* (Putnam-Fitzsimmons), *TRW SCEP* (Boehm-Wolverton), etc.

[2] Méthode de Delphes.

La **méthode de Delphes** utilisée dans ce cas de figure consiste à désigner un coordinateur qui présentera les spécifications à chaque expert. Ceux-ci débattent de ces spécifications en groupe de travail, puis remplissent une fiche —anonyme— d'estimation. Le coordinateur en fait une synthèse, puis convoque les experts en groupe de travail sur les divergences rencontrées. Les experts remplissent une nouvelle fiche (toujours anonyme) et le processus recommence jusqu'au consensus final. Une variante consiste à ne pas se faire rencontrer les experts ;

❸ **coût estimé par analogie** avec un projet déjà réalisé et présentant suffisamment de similitudes. Les différences sont mises en évidence et les écarts peuvent être plus facilement estimés. Cette méthode a *l'avantage* de prendre en compte l'expérience et le contexte et de réutiliser certains composants s'il y a lieu. Les *inconvénients* peuvent être le degré de similitude des projets réalisés ou le projet sans équivalence ;

❹ **meilleure offre possible** pour emporter le marché lorsque le coût semble prioritaire. Il s'agit tout simplement de *remporter le contrat*. Pour cela, il faut connaître le budget du client et proposer ce même budget pour la réalisation et le coût chiffré par le ou les concurrents et proposer un coût très légèrement inférieur. Les *avantages* sont le pragmatisme et un moyen facile d'obtention du contrat ou du marché. *L'inconvénient* peut être un écart important ;

❺ la méthode COCOMO (COnstructive COst MOdel)
créée par Barry W. Boehm a pour objectif de déterminer la charge et la durée de développement d'un projet.
Les étapes couvertes sont l'étude technique détaillée, la
programmation et les tests. Cette méthode permet
d'estimer les variables d'entrée et le nombre d'instructions sources livrées, donc la taille du logiciel à développer. La méthode tient compte des facteurs d'in-
fluence et des contraintes dues à la taille du projet :
moins de 50.000 instructions sources livrées et petite
équipe de développement (mode organique), environ
300.000 instructions sources livrées et des difficultés
techniques comme des interfaces à réaliser, la reprise
d'un existant, etc. (mode intermédiaire) et un modèle
«lourd» avec contraintes pesantes ou un domaine mal
maîtrisé par l'équipe de projet (mode imbriqué). Cette
méthode COCOMO s'appuie sur les travaux de Ray-
leigh et, en particulier, sur le fait qu'il n'est pas possible de réduire de plus en plus les délais d'exécution
d'une tâche donnée simplement en ajoutant du personnel dans l'équipe de projet. Au contraire, à partir
d'un certain seuil, la tâche prendra encore plus de retard, comme on l'a déjà vu plus haut.

La méthode COCOMO ne couvre pas les points suivants : étude de faisabilité, spécification des besoins,
installation, conversion/reprise de l'existant, lancement
initial, formation et administration des données. Le
support système est une charge non couverte.

Puisque la méthode COCOMO exprime la charge en *homme X mois* et le délai en *mois* en fonction du nombre de «kilo-instructions source livrées», cette méthode peut faire sourire car elle suppose connu le nombre d'instructions source à développer. Or ce nombre d'instructions ne sera connu, au mieux, qu'à la fin du développement.

Dans ces conditions, l'intérêt de la méthode COCOMO est plutôt de permettre un contrôle à posteriori ou, mieux encore, de s'interroger sur les raisons qui pourraient expliquer un écart important entre la charge constatée et celle que l'on déduirait de cette méthode.

En fait, elle a le mérite d'illustrer deux vérités encore d'actualité :

- la démarche est empirique ;
- la capitalisation des expériences passées est vraiment le premier outil assez fiable pour «prédire l'avenir».

➏ **estimation globale et décomposition** et répartition en sous-ensembles ou composants (méthode *top-down*). *L'avantage* principal est qu'on oubliera pas la constitution initiale des fichiers, les outils, l'intégration, etc.

Les *inconvénients* sont les suivants :
instabilité, problèmes de détail non mis en évidence, quelquefois difficile à justifier ;

114

❼ **estimation analytique** basée sur l'estimation individuelle des composants et des tâches, puis agrégation
(méthode *bottom-up*, inverse du *top-down*).
Avantages : implique une analyse plus poussée, méthode
donnant des résultats plus stables et répartition des
risques.
Inconvénients : méthode plus complexe, négligeant certains aspects (risques d'oublis).

Comment estimer les coûts

À ma connaissance, il n'existe pas de logiciel universel en
matière d'estimation de projets, bien que certains outils
commencent tout juste à apparaître[1].

La solution réside dans une analyse détaillée de type *Bottom-up*, comme vous l'avez lu plus haut : analysez ce qu'il
y a lieu de faire (MCD, MLD, MPD[2]), les enchaîne-
ments des différentes tâches, les particularités spécifiques
au projet et essayez plusieurs des méthodes exposées ci-
dessus. N'oubliez pas les coûts d'installation, de formation des personnels techniques et des utilisateurs, les
coûts de l'ordinateur dédié au développement de la maquette ou du prototype, les coûts de la logistique (trans-
ports, loyers, etc.), du personnel, des fournitures (disquettes, cartouches, câbles, etc.), des télécommunications,
des déplacements, de la documentation, etc.

---

[1] Exemple : JAMES (proposé par AXIEM - Paris).
[2] MCD : modèle conceptuel des données, MLD : modèle logique des données,
MPD : modèle physique des données.

Diriger un projet

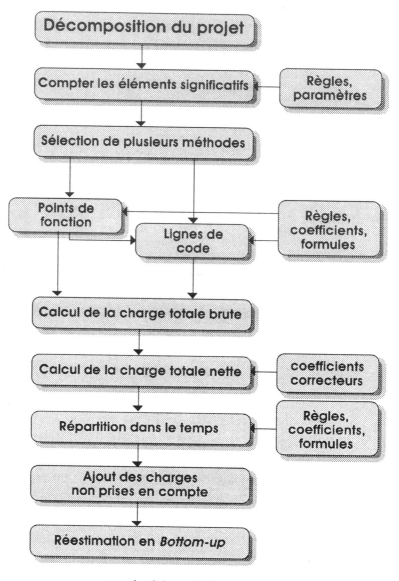

Méthodologie de l'estimation.

(Source : Gestion des projets, F.G. Roux, CAP-SESA institut, 92)

116

Estimation des coûts

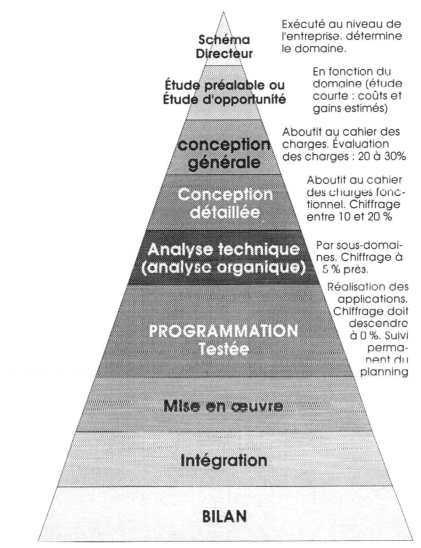

Schéma Directeur — Exécuté au niveau de l'entreprise. détermine le domaine.

Étude préalable ou Étude d'opportunité — En fonction du domaine (étude courte : coûts et gains estimés)

conception générale — Aboutit au cahier des charges. Évaluation des charges : 20 à 30%

Conception détaillée — Aboutit au cahier des charges fonctionnel. Chiffrage entre 10 et 20 %

Analyse technique (analyse organique) — Par sous-domaines. Chiffrage à 5 % près.

PROGRAMMATION Testée — Réalisation des applications. Chiffrage doit descendre à 0 %. Suivi permanent du planning

Mise en œuvre

Intégration

BILAN

(Source : Axiem- Paris)

Cycle d'évolution d'un système d'information.

Règle de base

(Source : Axiem Formation)

C'est le chiffrage de la programmation testée qui est la base de tout chiffrage.

Principes de base

(Source : Axiem)

1. Le chiffrage peut être découpé en deux parties :

   - charge d'analyse organique et charge de programmation testée ;
   - évaluation de la charge totale.

2. Si le développement est effectué dans un langage de troisième génération comme le cobol :

   - appliquez le coefficient 0,7 si vous utilisez un générateur comme le GAP ;
   - appliquez le coefficient 1,2 ou 1,3 si l'assembleur est la base de votre programmation.

3. Le chiffrage de la programmation peut être pondéré si la réalisation s'effectue au moyen d'outils de développement :

   - on en tiendra compte de manière globale en appliquant un coefficient correcteur ;
   - on peut en tenir compte de manière spécifique au niveau des poids affectés à chaque classe de processus.

118

4. Certaines méthodes ne tiennent pas compte de la composition de l'équipe (problème des débutants).

5. Souvent, la formation à l'application est intégrée globalement dans les charges et elle n'apparaît pas.

6. La productivité d'une équipe n'est pas constante dans la vie d'un projet (absence, maladie) et elle peut aussi se dégrader en cas de changement d'équipe ou, au contraire, évoluer favorablement. L'évaluation tient malheureusement compte d'une productivité égale et régulière dans les temps de développement.

7. On considère qu'un mois/homme = 18 jours ouvrables et qu'une année/homme = 11 mois travaillés soit 200 jours. Ces chiffres tiennent compte des absences, formations, maladies et congés de chaque personne. En revanche, le calendrier du projet sera établi en fonction des jours réels du calendrier.

8. L'évaluation ne tient pas compte des incidents et pannes de machine pouvant se produire sur le site. Il faut donc en apprécier le risque en fonction de la connaissance des matériels que l'on peut avoir. Les *incertitudes* sont palliées par l'application de coefficients de *foisonnement*. Ce coefficient diffère selon les ressources. Pour la coordination de projet, le coefficient de foisonnement technique + l'encadrement + la formation sera de 20 %. Il sera de 5 % pour les ressources opérationnelles et 10 % pour les ressources à former.

chiffres clés

Les chiffres clés ci-dessous ont été établis à partir d'une enquête portant sur 188 progiciels de comptabilité :

Ratios clés
Temps moyen de développement .... 47,8 mois-homme
Nombre moyen d'instructions ....51500 instructions
Coût moyen du projet..................... 1.100.000 F (240.000 $)
Productivité moyenne......................1320 instructions/mois
Coût moyen par ligne ....28,80 F (6,5 $) par instruc.

Productivité moyenne par développeur
Grands systèmes (mainframes) 850
Mini-ordinateurs 1755
Micro-ordinateurs.. 1355
Moyenne 1320

Productivité moyenne par langage
COBOL... 1330
BASIC 1340
GAP-RPG.. 1620
ASSEMBLEUR.. 1050
FORTRAN 1125
BAL... 1125
PASCAL 585
Divers 1630

(Source : Axiem Formation)

Charges moyennes selon la complexité *
Simple (lignes COBOL par jour) 60
moyen... 40
difficile... 20

* recouvre : analyse organique, organigramme général et détaillé, codage, tests unitaires et documentation.

Ratios clés de maintenance		
Matériel	Taux de maintenance en vol. an/investiss.	Volume de maintenance mois-homme/an pour 1.000 instr.
Grands systèmes	20,0 %	0,30
Mini-ordinateurs	27,5 %	0,26
Micro-ordinateurs	52,6 %	0,70
Moyenne	34,8 %	0,32

Évaluation globale des phases	
Phases	Durée estimée
Diagnostic	de 20 à 40 jours
Spécifications	de 40 à 80 jours
Conception	de 100 à 200 jours
Appel d'offres	de 20 à 40 jours

Facturation moyenne par spécialité	
Profils	Coût moyen/jour *
Directeur de projet senior	5 500 F
Responsable Assurance Qualité	4 500 F
Chef de projet / concepteur	4 000 F
Chef de projet / modélisateur	3 500 F
Analyste confirmé	3 200 F
Expert (système, réseaux)	3 000 F
Chef programmeur	2 800 F
Analyste / programmeur	2 500 F
Programmeur / développeur	2 000 F

* Ces valeurs moyennes peuvent être différentes selon la conjoncture et le pays.

Coefficient de charge selon la difficulté			
	faible	moyenne	forte
Saisie de données	3	4	6
Restitution	4	5	7
M.à J. de fichiers	7	10	15
Interfaces	5	7	10

121

Exemple de calcul des charges

Étapes de la méthode

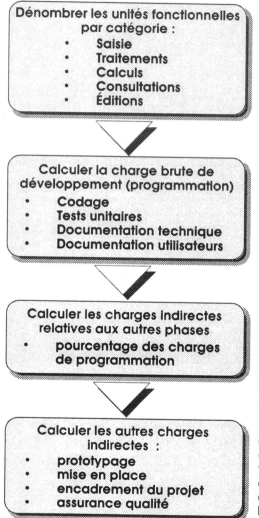

Dénombrer les unités fonctionnelles par catégorie :
- **Saisie**
- **Traitements**
- **Calculs**
- **Consultations**
- **Éditions**

Exemple s : Saisie d'information et contrôles associés, affichage ou impression d'informations, archivage, etc. Un niveau de complexité est déterminé pour chaque unité fonctionnelle (a, b, c)

Calculer la charge brute de développement (programmation)
- **Codage**
- **Tests unitaires**
- **Documentation technique**
- **Documentation utilisateurs**

Ce calcul s'opère par application de ratios selon la catégorie et selon la complexité. Les ratios dépendent du contexte : SGB DR, outils, plateforme matérielle...

Calculer les charges indirectes relatives aux autres phases
- **pourcentage des charges de programmation**

Ce calcul se fait en appliquant aux autres phases standards un pourcentage des charges de programmation

Calculer les autres charges indirectes :
- **prototypage**
- **mise en place**
- **encadrement du projet**
- **assurance qualité**

Le calcul des charges dérivées dépend des fonctions qui doivent être prises en compte. Ex. Qualité = 7% du global

122

- Ainsi, pour la **seconde étape**, une unité fonctionnelle de *traitement simple* sera traduite en 1,5 hommes × jour, si le degré de complexité est **A**, 3 hommes × jour, si le degré de complexité est **B**, 5 hommes × jour, si le degré de complexité est **C**.

- Pour une unité fonctionnelle destinée à *l'édition* ou à *l'affichage* (donc avec mise en forme) ou chargée de produire des *statistiques*, ces valeurs passent respectivement à 1,5, 2,5 et 3,5 hommes × jour selon le degré de complexité **A**, **B** ou **C**.

- Et pour une unité fonctionnelle comportant beaucoup de *calculs*, ces valeurs seront respectivement de 3, 5 et 7 hommes × jour, toujours selon le degré de complexité **A**, **B** ou **C**.

Les calculs des charges de la **troisième étape** varient selon le type de projet. Pour des applications de gestion en environnement client-serveur, et uniquement à titre d'exemple, les charges réparties par phases devraient se situer autour de 35 % pour la phase CAS[1] si celle-ci comporte plusieurs scénarios à étudier, 35 % pour la phase SES[1] (mais sans la réalisation d'un prototype ou l'incorporation de charges d'expert externes), 15 % pour la phase SIS[1], 100 % pour la phase de développement (programmation) puisqu'elle sert de base vis à vis des autres phases, 25 % pour la phase TST[1] (incluant l'aide en ligne) et 10 à 20 % pour la phase CONV[1] (chargement de la base).

---

[1] **CAS** : conception architecture système, **SES** : spécifications externes (système), **SIS** : spécifications internes (système), **TST** : tests d'intégration, **CONV** : conversion.

123

Exemple de tableau de synthèse (ci-dessous, le dénombrement fonctionnel des modules F8 et F9) :

MODULE FONCTIONNEL		Nombre d'U.F.	Complexité	Outil (langage)
F8	Gestion des droits - contrôle des accès - contrôle des priorités	8	B	C

F9	Réseau
	1- Gestion du réseau
	• automatisation exploit.
	  - bascule automatique
	   d'un serveur à l'autre
	   activation des tâches
	• enchaînement des trav.
	  traités en mode différé
	• facturation interne
	• surveillance serveurs
	• états de contrôle
	2- Configuration syst. central
	• outils du marché
	  (charges spécifiques)
	3- Hyperviseur
	• outils du marché
	  (charges spécifiques)
		1
		
		1
		
		1
		2
		1
			B
			
			A
			
			C
			C
			B
				C

Nbre	Complexité		Nb j.		total homme x jours	
1	UF	(A)	x	1,5 j	=	1,5 jours
10	UF	(B)	x	3 j	=	30 jours
3	UF	(C)	x	5 j	=	15 jours
14	UF					46,5 jours

La charge brute des modules **F8** et **F9** se monte, dans l'exemple ci-dessus, à 46,5 jours x homme.

STRUCTURE DE CONDUITE D'UN PROJET

(Source : Guide de direction de projet - MinDef 92) [1]

Définitions

La conduite d'un projet de système d'information implique l'engagement de deux parties : le «client» ou *maître d'ouvrage* et le «fournisseur» ou *maître d'oeuvre*. Le *maître d'ouvrage* est la personne morale (organisme) qui va devenir *attributaire* du projet et pour le compte duquel le projet est réalisé et le *maître d'oeuvre* est la personne morale chargée de la *réalisation* du projet. La prédominance exclusive d'une partie doit être exclue.

---

[1] Le *«Guide de direction de projet»* évoqué ici a le mérite d'expliquer clairement ce que devrait être la structure de conduite de projets de systèmes d'information, base indispensable nécessaire à la réussite d'un projet. La confusion des rôles de maître d'ouvrage/maître d'œuvre étant à l'origine de projets ratés.

En conséquence :

* les deux parties doivent être représentées par des *responsables* distincts :

◊ le *directeur de projet* pour la maîtrise d'ouvrage,
◊ le *chef de projet* pour la maîtrise d'oeuvre.

* les responsabilités respectives du *maître d'ouvrage* et du *maître d'oeuvre* doivent être clairement *définies*.

Maîtrise d'ouvrage

La *maîtrise d'ouvrage* consiste à :

* définir les objectifs du projet et les besoins fonctionnels en regard de ces objectifs ;
* fixer le cadre des travaux confiés au maître d'oeuvre ;
* s'assurer du financement du projet ;
* effectuer la recette des prestations fournies par le maître d'oeuvre ;
* organiser la formation des utilisateurs.

La *maîtrise d'ouvrage* peut se déléguer à un organisme subordonné mais elle ne doit jamais être déléguée totalement à un prestataire externe ou à un service informatique interne. Les travaux pouvant être sous-traités en *«assistance à maîtrise d'ouvrage»* sont par exemple :

* l'assistance à la définition des besoins ;

- l'aide à la rédaction du cahier des charges ;
- l'audit technique, financier ou organisationnel ;
- l'assistance à la rédaction des contrats ;
- l'assistance à la réception ;
- l'assistance au dépouillement des offres ;
- l'assistance à la définition des exigences qualité ;
- l'assistance au contrôle qualité.

Si les *règles de gestion* évoluent en profondeur, il pourra être nécessaire de mener des études de réflexion sur le changement : clarification de la politique poursuivie, impact sur l'organisation, choix d'options à prendre, etc. Ces travaux peuvent constituer un projet en soi sous la responsabilité de la *maîtrise d'ouvrage*.

Le *maître d'ouvrage* a une *obligation d'information* vis à vis du *maître d'oeuvre* au plan des *règles de gestion*, de *l'organisation* et de *l'usage des systèmes* existants.

Maîtrise d'œuvre

La *maîtrise d'œuvre* consiste à :

- identifier et de planifier les tâches à réaliser ;
- déterminer les moyens humains et matériels nécessaires à la conduite du projet ;
- réaliser ou de superviser (en cas de sous-traitance) les travaux d'étude et de réalisation ;
- fournir au maître d'ouvrage les logiciels prêts à l'emploi ;

127

- rendre compte au maître d'ouvrage de l'avancement du projet et de lui soumettre les éléments de choix de son ressort.

Le *maître d'œuvre* n'est responsable que dans la limite des degrés de liberté laissés par le *maître d'ouvrage*. Le *maître d'œuvre* doit être le gardien de son *autonomie* et de ses *prérogatives*, à défaut il doit mettre en garde le *maître d'ouvrage*.

> Lorsque la *maîtrise d'œuvre* est totalement sous-traitée, le *maître d'œuvre* a une obligation de *résultats*.

S'il y a plusieurs sous-traitants, le *maître d'œuvre* doit être *unique* : il est le responsable *unique* vis à vis de la *maîtrise d'ouvrage*.

Représentants

Il s'agit des représentants de la *maîtrise d'ouvrage* et de la *maîtrise d'œuvre*

Le *directeur de projet* est l'interlocuteur unique de la *maîtrise d'ouvrage* vis à vis du *maître d'œuvre*. Il possède donc un mandat de *délégation* des responsables de plus haut niveau concernés par le domaine de l'étude.

Il participe aux réunions de la maîtrise d'ouvrage et à certaines réunions de la maîtrise d'œuvre.

Lorsque le projet est important ou lorsque le domaine fonctionnel est pointu, la maîtrise d'ouvrage peut désigner un *conseiller fonctionnel*, le *chef de projet utilisateur* chargé d'animer et de coordonner les groupes utilisateurs, d'assurer l'interface avec le *directeur de projet*. Le partage des rôles entre le *directeur de projet* et le *chef de projet utilisateur* doit être *clarifié* et *affiché*.

Le *chef de projet* est le représentant unique de la maîtrise d'œuvre vis à vis de la maîtrise d'ouvrage. Il peut être interne ou externe à l'entreprise.

Instances

Le *directeur de projet* et le *chef de projet* ne peuvent pas assumer seuls tous les choix du projet. Ils doivent recueillir l'avis d'autres personnes impliquées plus directement pas ces choix ou obtenir des décisions de la hiérarchie.

Dans ce but, des *instances consultatives* ou des *instances de décision* doivent être créées au coin de chaque projet.

Comité de direction

Si des arbitrages doivent être rendus entre projets ou d'une manière générale, si les options prises par le projet risquent de remettre en cause le schéma directeur opérationnel, le *comité de direction de l'informatique* de l'entreprise doit être saisi.

129

Ce comité se réunit en général une fois par an et traite de l'ensemble des projets en cours ou futurs.

Le comité directeur

Pour le projet donné, *l'instance de décision* de la maîtrise d'ouvrage est le *comité directeur*. Elle représente la hiérarchie d'un domaine ou d'un ensemble de domaines de gestion constituée pour un projet. Le *comité directeur* se réunit en fin de chaque phase du projet.

Le comité exécutif

Par ailleurs, le *pilotage* du projet nécessite des décisions sur l'avancement ou sur des options fonctionnelles ou techniques en cours de phase. Ces décisions doivent être prises dans une *instance de concertation* entre la maîtrise d'ouvrage et le maître d'œuvre placée sous l'autorité du directeur de projet. Le *comité exécutif* se réunit périodiquement, en général une fois par mois. Dans les projets de moindre importance, le comité exécutif et le *comité directeur* peuvent être confondus dans la même instance.

Comité utilisateurs

L'instance consultative la plus importante en phases d'étude est le *comité utilisateurs*, ou encore *groupe utilisateurs*.

C'est une instance de travail, spécifique à un projet et représentant les utilisateurs du système. Ses responsabilités sont les suivantes :

- exprimer les besoins des utilisateurs finals ;
- valider les solutions proposées par le *groupe de projet* au plan fonctionnel.

Les *comités utilisateurs* peuvent jouer un rôle après les études pour la recette du système.

Groupe d'experts

Des *groupes d'experts* fonctionnels ou techniques peuvent être crées à la demande.

Groupe de direction de projet

Lorsque le projet est important, le *directeur de projet* peut disposer d'un groupe de travail *interne* à la maîtrise d'ouvrage, le *groupe de direction de projet*, véritable état-major (parfois désigné par équipe de marque).

Groupe de projet

Enfin, on distingue *l'instance de travail* de la maîtrise d'œuvre, le *groupe de projet*. Elle gère et assure l'ensemble des actions opérationnelles sous la direction du maître d'œuvre.

131

Structure type

La *structure type* de conduite d'un grand projet est sché-
matisée ci-dessous. Pour des projets de moindre ampleur,
une structure plus réduite peut être envisagée.

Contributions des intervenants

Les contributions des principaux intervenants cités dans la structure type de conduite de projet sont les suivantes :

Intervenants étapes/phas.	Comité Direct.	Chef de projet	Équipe projet	Chef pilotage	membres pilotage	Utilisat. final
Schéma dir.	D	E	E	-	-	.+V
Étude préal.						
Analyse besoins	D	E	E	E+V	E+V	E+V
Étude scénarios	D	C+E	E	E+V	E+V	.+V
Ioncept.sys						
Étude détaillée	D	E+V	E	E+V	E+V	.+V
Étude technique	D	C+E+V	E	.	.	.
Produc.prog						
Développement	D	E+V	E	.	.	-
Tests	D	.	E+.	E+V	E+V	E+V
vise en œu1.						
Transition	D	.	E	E	.	.+V
Installation	D	E	E	.+V	.+V	.+V

1

C = Conseil
D = Décision
E = Exécution
P = Participation
V = Validation

À tout moment et quelque soient les phases, on pourra solliciter l'avis d'experts. Plus loin, un chapitre traite des rôles des différentes entités de la structure de projet.

---

1 Source *«Conduite de projets informatiques»*, Moréjon/Rames, Interéditions, Paris

133

Il n'est pas nécessaire que la *présidence* du comité directeur et celle du comité exécutif se fasse au plus haut niveau hiérarchique de l'entreprise ou de l'organisme. Ceci pourrait induire des retards dus à l'indisponibilité chronique de ces décideurs de haut niveau, très occupés par ailleurs. Notez également la séparation très nette entre la partie maîtrise d'œuvre (à gauche du schéma de la page précédente) et la partie maîtrise d'ouvrage (à droite).

Rôle des instances

Rôle du comité de direction

Responsabilités du comité de direction :

- approuver la politique générale informatique de l'entreprise : emploi de technologies, mode d'organisation de l'informatique, etc. ;
- approuver le scénario global d'évolution des systèmes d'information d'une entreprise : schéma directeur stratégique, etc. ;
- arbitrer la planification des développements futurs : arbitrage entre projets, limites fixées à chaque projet ;
- suivre l'application du schéma directeur opérationnel.

La composition pluri-domaines du *comité de direction* doit permettre d'arbitrer les projets, les systèmes d'information, etc. et de s'assurer que les choix politiques de niveau supérieur à chaque projet sont respectés.

134

Le *comité de direction*, instance permanente, se réunit au minimum une fois par an et à chaque étape de l'élaboration du *schéma directeur stratégique* de l'organisme.

Rôle du comité directeur

Responsabilités du comité directeur :

- entériner la désignation du directeur de projet ;
- définir les objectifs du projet ;
- fixer les orientations générales à caractère fonctionnel, technique ou financier proposées par le groupe de projet (exemple d'orientation technique : «respect» de l'architecture informatique déjà en place) ;
- valider ou de choisir le plan de développement proposé par la maîtrise d'œuvre : moyens humains, matériels et financiers à engager, priorités des développements, etc.;
- décider des suites du projet.

La composition du *comité directeur* est normalement spécifique à un projet[1]. Le *comité directeur* est composé du directeur de projet, de représentants de la maîtrise d'ouvrage, de représentants des directions utilisatrices, mais aussi de représentants des autres directions qui doivent apprécier l'impact du nouveau système sur les autres systèmes. Le représentant du maître d'œuvre y a un rôle de rapporteur. Le *comité directeur* se réunit à chaque fin de phase ou à chaque fin d'étape importante s'il s'agit d'un schéma directeur ou d'une étude préalable.

---

[1] Le *comité directeur* se confond avec le *comité de direction* si le projet est un schéma directeur.

Rôle du comité exécutif

Responsabilités du comité exécutif (comité de pilotage) :

* veiller au respect des engagements contractuels ;
* suivre l'avancement du projet (respect des délais, respect des coûts, respect des résultats, respect des objectifs de qualité), donner un avis sur les documents produits ;
* aider le maître d'oeuvre à coordonner le développement du projet (définition de priorités, arbitrage entre sous-systèmes,...) ;
* préparer les choix du comité directeur (choix fonctionnels et techniques du projet,...).

Le comité exécutif se réunit périodiquement, en général *une fois par mois*.

Lorsque le projet est d'ampleur limitée, le pilotage peut être limité à deux personnes : le directeur de projet et le chef de projet.

Rôle du comité des utilisateurs

Un groupe ou comité des utilisateurs est constitué pour chaque phase d'étude (schéma directeur, étude préalable, étude détaillée). Le nombre et la composition des groupes utilisateurs peut évoluer d'une phase à l'autre. Les groupes utilisateurs n'ont pas de responsabilités au plan *technique*, ni au plan du *pilotage* du projet.

Les orientations fonctionnelles importantes doivent être validées par le comité exécutif ou le comité directeur.

Rôle du groupe de direction de projet

Le groupe de direction de projet assiste le directeur de projet pour les points suivants :

- suivi, contrôle et pilotage du maître d'oeuvre (contrôle des délais, des coûts et de la qualité) ;
- direction du projet par le directeur de projet (suivi, choix d'options générales, recette du système, organisation de la formation des utilisateurs,...) ;
- conduite du changement.

Rôle du groupe de projet

Le groupe ou équipe de projet assure les tâches suivantes :

- étude, organisation et planification des phases ;
- évaluation des charges de travail et des profils des personnels à faire intervenir sur chaque étape ;
- réalisation des travaux d'analyse (schéma directeur, définition des besoins, conception, spécifications du cahier des charges de réalisation) ;
- réalisation et direction des travaux de réalisation (programmation, tests d'intégration, etc.) ;

- réalisation des travaux de mise en oeuvre qui lui ont été commandés (implantation des logiciels, reprise des données, formation des utilisateurs, tests de qualification, etc.) ;
- organisation de l'assurance qualité et contrôle qualité interne à l'équipe de projet (normalisation, administration des données, administration des traitements, procédures de contrôle qualité) ;
- suivi de l'avancement et de la consommation des ressources du projet ;
- assurance de la coordination entre les diverses structures de travail et de décision interne au projet.

Le *groupe de projet* est composé de membres informaticiens ou non, affectés sur le projet à plein temps (cas général) ou à temps partiel. La composition du *groupe de projet* peut varier d'une phase à la suivante en nombre et en compétences (ex. substitution d'analystes/gestionnaires par des analystes programmeurs entre la phase d'étude détaillée et la phase de réalisation). Dans certains cas, un groupe de projet peut être organisé en plusieurs équipes qui fonctionnent en parallèle (ex. équipe de réalisation lot 1, équipe de réalisation lot 2, équipe de qualification), le groupe de projet regroupe alors l'ensemble des moyens dédiés au projet.

La *maîtrise d'oeuvre* d'un projet peut être sous-traitée tout en prévoyant l'intégration de personnels de l'entreprise dans le groupe de projet afin d'assurer la reprise du système après son installation.

L'APPEL D'OFFRES

Contraintes réglementaires

Trois types d'appel d'offres peuvent être proposés : soit il s'agit d'un appel d'offres *ouvert*, entraînant l'établissement d'un marché négocié *avec compétition* pour la société de services qui sera retenue, soit il s'agit d'un appel d'offres *restreint*, déjà évoqué plus haut, entraînant l'établissement d'un marché négocié *sans compétition* au profit de la société de services qui sera sélectionnée à la suite d'un appel à candidatures, soit il s'agit d'un marché *négocié*.

Appel d'offres ouvert

Tout candidat peut remettre une offre dès qu'il a connaissance de l'appel d'offres (presse officielle ou non).

Aucune présélection n'étant faite, contrairement à la procédure d'appel d'offres *restreint* basé sur un appel à candidatures, le nombre de candidats peut être très important : la totalité des sociétés de services ou d'intégration de systèmes et d'ingénierie en informatique. Il peut donc y avoir aussi bien 40 réponses que 200 ou plus. Dans ce cas, le dépouillement des offres, ainsi que la présélection en liste finale (3 sociétés), puis la sélection finale du candidat peut poser des problèmes de temps d'étude des dossiers démesurés, un dossier d'offre nécessitant un *minimum* de deux jours d'étude.

L'appel d'offres *ouvert* se distingue donc de l'appel d'offres *restreint* par le fait que l'entreprise, l'organisation ou l'administration *ne sélectionne pas les candidats admis à répondre*. Cet appel d'offres est porté à la connaissance du public par une annonce (avis d'appel d'offres) qui sera publiée dans la presse grand public ou dans la presse spécialisée (exemples : BOAMP ou Journal Officiel des Communautés Européennes JOCE).

Les délais de réponse sont réglementés en fonction du poids financier du marché (ex. 21 jours), ainsi que *l'obligation de publier l'avis d'appel d'offres* dans la presse, spécialisée ou non. Il peut exister un délai d'urgence (ex. 15 jours). Au-dessus d'un certain seuil financier, le *délai minimum de réponse* est réglementé (ex. 37 jours) et la publication reste obligatoire. La procédure finale de dépouillement reste la même.

Appel d'offres restreint

Dans cette procédure, ne pourront soumissionner que les candidats *retenus* par le comité de dépouillement suite à un *appel à candidatures*. Ce comité devrait pouvoir effectuer une *présélection* d'une dizaine de candidats (moins, si possible). Les conditions de recours à un appel d'offres restreint sont les suivantes :

- soit le projet est complexe ou très spécifique et peu de sociétés sont susceptibles de réaliser ce projet ;

  soit il est d'une telle envergure que seules quelques sociétés possédant une assise financière, des références similaires et un nombre conséquent de consultants de haut niveau peuvent se concurrencer sur un tel projet.

La *présélection* de cinq à quinze candidatures permet ainsi de simplifier la procédure de dépouillement en réduisant le nombre d'offres à examiner, donc à faciliter le choix d'un titulaire capable de satisfaire aux exigences exprimées.

L'appel d'offres restreint est donc précédé d'un *appel public à candidatures* qui a pour but de respecter la libre concurrence. Cet appel à candidatures est envoyé à la presse grand public ou à la presse spécialisée selon les pays et les entreprises, organismes ou administration. L'administration Française publie ses avis d'appel à candidatures dans des journaux spécialisés (BOAMP, JOCE, etc.).

141

Marché négocié

Il existe deux types de marchés : les marchés négociés *avec* compétition et les marchés négociés *sans* compétition.

Marchés négociés avec compétition

Il s'agit de marchés passés lorsque le recours aux procédures d'appel d'offres ne peut pas être envisagé. Cette procédure d'exception ne peut être employée que dans certains cas particulier en ce qui concerne les administrations : si le caractère du projet est secret ou relève de la sécurité, pour des prestations de recherche, pour des besoins de défense nationale (mobilisation, état de guerre, production liée à la défense), suite à au appel d'offres infructueux (quel qu'il soit), suite à la défaillance du titulaire du marché ou d'un fournisseur, suite à une urgence impérative ne permettant pas de respecter les délais légaux (auquel cas, le choix doit être motivé), si les services (fournitures) sont à exécuter dans certains lieux particuliers relevant de la sécurité, enfin si les prestations nécessitent un droit, un brevet ou une licence exclusif.

Marché négocié sans compétition

Il s'agit de marchés pouvant être passés sans mise en concurrence préalable lorsque la prestation ne peut être réalisée que par un seul fournisseur et se rapportant aux cas particuliers ne pouvant être traités que par ce fournisseur ou par cette société (savoir-faire, monopole, etc.).

L'APPEL À CANDIDATURES

Cette procédure consiste à effectuer un appel à candidatures pour la réalisation du projet. Ceci permet de limiter le nombre de candidats potentiels. Une première sélection permettra de ne retenir qu'un nombre limité de sociétés ; entre cinq et douze, selon le nombre de candidats. On n'adressera le cahier des charges qu'aux sociétés qui auront été retenues par cette première sélection. On laisse généralement entre un et deux mois de délai pour étudier le cahier des charges et faire une réponse. L'étape suivante consistera à dépouiller les réponses (offres de services) pour sélectionner trois «finalistes» auxquels il sera demandé de venir présenter leur offre («short list»).

143

Présentation des candidatures

L'appel à candidatures n'est donc pas un appel d'offres direct. Les sociétés de service intéressées trouveront les éléments nécessaires dans la presse nationale ou dans le Bulletin Officiel Administratif des Marchés Publics pour la France (BOAMP) en ce qui concerne les administrations françaises.

Il n'est donc pas nécessaire de fournir un dossier volumineux à ce stade. Une **lettre**, une **fiche** et un **relevé des projets similaires** suffisent (soit 3 à 15 pages).

En revanche, il est indispensable de renseigner **point par point** les éléments cités dans l'annonce. En effet, le comité chargé de la réception des candidatures devra manipuler **entre 30 et 80 dossiers** pour procéder à leur inscription au fur et à mesure de leur réception. Non seulement les dossiers doivent impérativement arriver *avant la date limite* indiquée dans l'appel à candidatures, mais encore faut-il qu'ils arrivent *à la bonne adresse*. Les grandes administrations sont subdivisées en plusieurs directions, elles-mêmes subdivisées en sous-directions qui sont subdivisées en services ou départements, puis en bureaux, etc.

Une mauvaise orientation du bureau responsable du courrier peut entraîner jusqu'à trois semaines de retard !

Certaines entreprises peuvent être organisées de la même manière et présenter des circuits administratifs aussi complexes que dans l'administration. Enfin, les dossiers sont communiqués au chef de projet ou à un *comité de présélection* créé par ce dernier pour dépouiller ces offres de candidatures. À ce stade, le comité ne dispose souvent que d'un **délai réduit** (souvent causé par les retards de transmission) pour effectuer la *première sélection* visant à ne retenir qu'une dizaine de candidats.

Présélection des candidats

Pour cela, il est nécessaire de **saisir dans un tableau** les différents éléments demandés : *nom, adresse, téléphone, télécopie, capital social, raison sociale, nombre d'agents de maîtrise, nombre d'ouvriers, nombre d'employés, références techniques, chiffre d'affaires des dernières années, habilitation éventuelle,* etc.

Les renseignements à saisir doivent être disponibles dans une *fiche de synthèse* réclamée dans l'appel à candidatures. Avec une soixantaine de fiches à saisir, il est peu probable que l'agent qui effectue ce travail perde du temps à rechercher *dans la totalité du dossier d'accompagnement* fourni les éléments manquants.

Or, il y a toujours quelques sociétés candidates qui ne répondent pas *conformément* à ce qu'on leur demande et qui indiquent, par exemple : *«voir liste détaillée dans le dossier»* au lieu d'indiquer les références pertinentes.

145

Résultat, l'agent de saisie ou la secrétaire n'indiquent rien dans cette rubrique et le comité de sélection, qui va trancher *sur le tableau récapitulatif*, écartera des sociétés qui *auraient pu* être sélectionnées si elles avaient répondu conformément à la demande !

Dites-vous bien qu'en présence de *soixante-dix dossiers*, le comité de sélection ne devrait en retenir qu'*une dizaine*. En répondant après la date limite, en ne faisant pas apparaître des références vraiment similaires au projet, en négligeant de préciser certains détails qui vous paraissent, à priori, secondaires (nombre d'employés, chiffre d'affaires, etc.), vous facilitez grandement le travail de présélection et l'élimination de votre société de service.

Après l'envoi du cahier des charges aux candidats restant en lice, il va sans dire que chaque réponses sera examinée en détail et avec beaucoup de soin pour des raisons évidentes : éviter toute contestation ultérieure. Dans la conjoncture actuelle, certaines sociétés n'hésiteront pas à aller en justice si elles peuvent prouver qu'elles ont été éliminées sur des critères fantaisistes, mais ce faisant, il va sans dire qu'elles risquent fort de ne plus passer les premiers barrages lors d'appels à candidatures ultérieurs. La perspective de travailler avec une telle société n'est guère encourageante et on imagine sans peine la remise en cause permanente du cahier des charges et du contrat (ou du marché) par leurs services juridiques en vue de produire des dizaines d'avenants.

Critères de présélection

- capacité de production annuelle (s'il y a lieu) ;
- chiffre d'affaires des trois à cinq dernières années ;
- évolutivité et pérennité des entreprises candidates ;
- expertise prouvée dans le domaine concerné, maîtrise des techniques, des outils (matériels ou logiciels), des concepts (ex. architectures client/serveur, langages orientés objets, système d'exploitation, SGBDR, etc.) ;
- habilitation de l'entreprise candidate dans le cadre de la protection du secret (s'il y a lieu) ;
- identification des dirigeants des entreprises candidates ;
- liste des implantations dans le pays et ailleurs ;
- nombre d'agents de maîtrise, nombre d'ouvriers, nombre d'employés (qualité des ressources humaines potentiellement affectées au projet) ;
- qualité d'intégrateur entre une solution constructeur et un applicatif, par exemple ;
- qualité de l'après-vente, du soutien, de la «hot-line» ;
- qualité de l'assistance technique, du transfert de connaissances, de la formation (s'il y a lieu), etc. ;
- qualité des contacts, les directeurs de secteurs d'affaires sont-ils **connus** du chef de projet ? combien de visites mensuelles (sans projets en cours, bien sûr). Autrement dit : connaît-on bien les gens avec lesquels on risque de travailler pendant plusieurs mois, voir plusieurs années ? ;
- références de clients se situant dans des environnements ou des contextes similaires, etc.

147

Constitution du dossier d'appel d'offres (émetteur)

Le dossier transmis aux sociétés de service dont la candidature a été retenue est composé des pièces suivantes :

- La lettre d'accompagnement ;
- L'acte d'engagement ;
- Le cahier des clauses administratives particulières ;
- Le règlement des clauses techniques particulières (il s'agit généralement du *cahier des charges* tel qu'il a été détaillé précédemment ;
- Le règlement particulier d'appel d'offres.

La lettre d'accompagnement

◊ La lettre d'accompagnement du dossier doit porter le nom et les coordonnées complètes de l'entreprises ou de l'organisme qui a émis le cahier des charges.

◊ Le nom, le prénom et le numéro de téléphone de la personne qui suit l'affaire au niveau administratif sera rappelé. La lettre doit être enregistrée, datée et signée.

◊ Une ligne «Objet :» doit rappeler de quoi il s'agit comme par exemple : *Étude fonctionnelle détaillée et réalisation d'un système d'informations destiné à ...* etc.

Comment créer le dossier d'appel d'offres

◊ Une ligne «Référence :» doit rappeler *l'avis public d'appel à candidature* avec le nom du journal et son numéro. On peut ajouter sa date de parution, le numéro de la page et éventuellement le numéro d'insertion.

◊ Un texte court présente le dossier.

◊ Les coordonnées des responsables du projet seront indiquées dans la lettre. Il s'agit du responsable administratif, du chef de projet maître d'œuvre et du maître d'ouvrage client et futur utilisateur du projet.

◊ Enfin la date limite de réception des propositions de prix et du dossier sera clairement indiquée.

Sur la page suivante, vous trouverez un *exemple de lettre d'accompagnement* présentée selon ces recommandations.

> Dans ces exemples, les parties **variables** sont mis *entre parenthèse et dans un jeu de caractères différent.*

Les exemples donnés ici sont des exemples tirés de documents réels et en vigueur à ce jour. Ces documents peuvent, bien entendu, être adaptés selon les cas comme par exemple si vous travaillez dans une entreprise privée qui a l'intention de procéder à un appel à candidatures et à un appel d'offres. L'administration étant réputée pointilleuse, on peut estimer que ces documents offrent un certain nombre de garanties. Selon la position que vous occupez (client ou consultant), ces exemples vous donnent une idée de ce que vous pouvez rédiger ou de ce à quoi vous pouvez vous attendre.

Diriger un projet

Société Mondiale
d'Informatique Ltd
1400, St Denis
Montréal (Qc)
H1V 3V3
Tél. (514) 664-6363
Fax (514) 664-6369

Le (*8 novembre 1993*)
(*N° 4211 SMI / JBG*)

Bureau administratif et gestion
Affaire suivie par :
Mme J. Beaulieu-Gagnon
Tél. (514) 664-6363 poste 123

Objet : *Étude fonctionnelle détaillée et réalisation d'un système d'information destiné à effectuer ... (Projet CYCLONE)*

Référence : Avis public d'appel à candidatures paru dans
(*La Presse n° 48 du 17 octobre 1993, page 8*)

Messieurs,

Votre candidature ayant été retenue au titre de la consultation citée en objet, je vous adresse ci-joint le dossier relatif à cette opération.

Ce dossier est constitué des pièces suivantes :

• L'acte d'engagement ;
• Le cahier des clauses administratives particulières ;
• Le règlement des clauses techniques particulières ;
• Le règlement particulier d'appel d'offres.

Afin d'obtenir d'éventuels renseignements supplémentaires, vous pouvez vous adresser :

- pour les renseignements d'ordre administratif
  (*Mme J. Beaulieu-Gagnon Tél. 664-6363 poste 123*)

- pour les renseignements d'ordre technique
  (*Monsieur P. A. Bertrand Tél. 664-6363 poste 231*)

Le pli contenant votre proposition de prix ainsi que l'ensemble du dossier devra parvenir avant le (*28 novembre 1993 à 18 heures*), le cachet de la poste faisant foi.

Veuillez agréer, Messieurs, l'expression de nos salutations distinguées.

Exemple de lettre d'accompagnement.

Le terme «Messieurs» n'a rien de misogyne. Il ne s'agit là que de formules standards habituellement employées. Que mesdames les directrices et présidentes de SSII ne m'en tienne pas rigueur. En principe cette lettre est adressée à la personne qui a signé l'offre de candidature. Elle peut dont être personnalisée en conséquence.

L'acte d'engagement

Il s'agit ici de vous proposer un modèle *d'acte standard* qu'il est toujours possible de modifier ou d'adapter selon les circonstances, le but étant de vous aider à constituer un tel dossier si vous aviez à le faire.

ACTE D'ENGAGEMENT

Entre :
(nom de la société ou de l'organisme)
(adresse de la société ou de l'organisme)

représenté(e) par (*le Directeur ou le Président*, etc.) agissant au nom et pour le compte de (*la société ou l'organisme*), ci-après désigné(e) «*la personne publique*» (s'il s'agit d'un organisme gouvernemental ou d'une administration), «*société X*» (s'il s'agit d'une société) d'une part,

et

La société ou l'organisme
Société anonyme au capital de : *(somme)*
dont le siège social est situé à : *(adresse du siège social)*
Téléphone : *(téléphone)*   Télécopie :   *(télécopie)*
Représenté(e) par *(Mr, Mme, Mlle X)*
Numéro *d'enregistrement ou code (n° SIRET en France)*
ci-après désigné(e) «le titulaire» d'autre part,

Après avoir pris connaissance du cahier des clauses administratives particulières, il est convenu ce qui suit :

Diriger un projet

Article 1 - Objet du marché :

Le présent appel d'offres a pour objet *(objet tel que cité dans l'objet de la lettre d'accompagnement).*

Article 2 - PRIX :

Le prix global et forfaitaire est le suivant :

Tranche ferme : *(s'il y en a une)*

Montant hors taxes : ....
Taxes (taux)...
Montant toutes taxes comprises...........................

Tranche optionnelle : *(s'il y en a)*

Montant hors taxes : ....
Taxes *(taux)*...
Montant toutes taxes comprises...........................

Montant total hors taxes..
Taxes *(taux)*...
Montant total taxes comprises...........................

Article 3 - Durée du marché

La durée d'exécution des prestations est fixé à l'article 4 du cahier des clauses administratives particulières.

Article 4 - Paiements

Le titulaire adressera ses factures en un original et trois copies à *(adresse complète, nom et prénom du destinataire).*

La *(société ou organisme)* se libérera des sommes dues au titre du présent marché en faisant porter au crédit du compte ouvert ci-après, le montant correspondant au factures :

Nom du bénéficiaire *(nom ou société)*
Nom et domiciliation bancaire : *(nom de la banque...)*
Numéro de compte : *(numéro de compte)*
(+Code établissement, code guichet etc.)

.../...

Article 5 - Infraction à la législation fiscale :

J'affirme, sous peine de résiliation de plein droit du marché ou de sa mise en régie aux torts exclusifs de la société pour laquelle j'interviens, que ladite société ne tombe pas sous le coup de l'interdiction découlant de l'article xxx du nnn *(code des marchés publics ou code du commerce ou autres textes légaux en vigueur).*

Le titulaire   Fait en un seul original
à *(XXXX)* le *(date)*   à *(XXXX)* le *(date)*

Cet acte est généralement suffisant tel qu'il est, mais il peut être développé s'il y a lieu.

Le cahier des clauses administratives

Le *cahier des clauses administratives particulières* traite des aspects purement administratifs du marché. On y trouvera, par exemple[1], les articles suivants :

Société Mondiale   Le *(2 décembre 1993)*
d'Informatique Ltd   *(N° 4215 SMI / JBG)*
14, boul. principal
CH1220 GENEVE (SUISSE)
Tél. (44) 2664-6363

Affaire suivie par :
Mme J. Beaulieu-Gagnon
Tél. (44) 2664-6363 poste 123

CAHIER DES CLAUSES TECHNIQUES PARTICULIÈRES
(N° 4215 du 2 décembre 1993)
relatif à

L'étude fonctionnelle détaillée et la réalisation d'un système d'information destiné à permettre ... etc.

Projet XWZQYH

.../...

---

[1] Les exemples donnés ici sont des exemples tirés de cas réels.

Diriger un projet

Le présent C.C.A.P. comporte *n* pages numérotées de 1 à *n*.

ARTICLE PREMIER - Objet de l'appel d'offres

Le présent appel d'offres a pour objet l'étude fonctionnelle détaillée et la réalisation d'un système d'information
destiné à permettre ...

ARTICLE 2 - Décomposition en tranches

Le marché est décomposé en deux tranches de réalisation dont les intitulés sont les suivants :

Tranche ferme :   *(Étude et conception détaillée du système d'information et des outils logi-
ciels nécessaires à la constitution initiale de la base de données - phase :
Conception de l'Architecture du Système).*

Tranche optionnelle : *(Réalisation et mise en œuvre).*

ARTICLE 3 - Documents contractuels

Le marché est soumis aux dispositions du code des marchés publics. *(Il est passé en application des dispositions
de l'article nn alinéa x dudit code. Si ce code s'applique).*

Les documents contractuels sont, par ordre de priorité
décroissant :

- l'acte d'engagement ;
- le présent cahier des clauses administratives particulières ;
- le cahier des charges techniques ;
- la proposition technique du candidat ;
- le cahier des clauses administratives générales *(applica-
ble aux marchés publics de prestations intellectuelles
approuvé par décret n° 78.1306 du 26 décembre 1978
modifié. Selon les pays, si ce cahier s'applique).*

ARTICLE 4 - Durée du marché - Affermissement de la
tranche optionnelle.   .../...

Comment créer le dossier d'appel d'offres

4.1. Durée du marché - délai d'exécution des tranches

La durée d'exécution totale du marché est la suivante :

Tranche ferme :   (10 mois)
Tranche optionnelle : (11 mois)

Le délai contractuel d'exécution de la tranche ferme commencera à compter du lendemain de la notification de la dite tranche.

Le délai contractuel d'exécution de la tranche option-nelle commencera le lendemain de son affermissement.

4.2. Affermissement de la tranche optionnelle

Le délai limite d'affermissement de la tranche optionnelle est fixé à T0 + *(11 mois)* (T0 = date de notification du mar-ché).

ARTICLE 5 - Prix - Variation des prix

5.1. Répartition des paiements

L'acte d'engagement indique ce qui doit être payé res-pectivement au titulaire du marché ou à ses éventuels sous-traitants déclarés.

5.2. Variation des prix

5.2.1. Les prix du présent marché sont des prix forfaitaires initiaux définitifs actualisables suivant les modalités fixées au 5.2.2 à 5.2.4 ci-après.

5.2.2. Mois d'établissement des prix

Les prix sont établis aux conditions économiques du mois de *(décembre 1993)*. Ce mois est appelé mois 0 (zéro).

5.2.3. Choix de l'index de référence

L'index de référence choisi en raison de sa struc-ture pour l'actualisation des prix du présent mar-ché est *(l'indice SYNTEC (index ingénierie) publié dans le magazine Usine Nouvelle)*.

Diriger un projet

5.2.4. Modalités d'actualisation des prix

L'actualisation de prix sera effectué par application au prix du marché d'un coefficien donné par la formule suivante :

$$C = \frac{Sy - 3}{Syo}$$

dans laquelle Syo et Sy-3 sont les valeurs prises respectivement au mois zéro et au mois d-3 par l'index de référence Sy du marché, sous réserve que le début du délai contractuel d'exécution des prestations soit postérieur de plus de 3 mois au mois zéro.

ARTICLE 6 - Site de développement du projet

Il est précisé que l'élaboration et la réalisation de l'étude détaillée du projet, le développement du prototype ainsi que l'élaboration et la rédaction du cahier des charges de réalisation du projet se feront dans les locaux de *(entreprise ou organisme)* à *(ville)* ainsi que dans les locaux de *(entreprise ou organisme)* à *(ville)*.

Celle-ci *(entreprise contractante)* mettra à la disposition du titulaire du marché les matériels nécessaires au bon développement du produit à réaliser.

ARTICLE 7 - Documentation technique

Le titulaire fournira avec le système d'information (applicatifs), sans supplément de prix, une documentation technique en langue française (précisez si vous désirez d'autres langues) donnant les caractéristiques essentielles du système d'information et éventuellement des matériels, directement liés à son emploi ainsi que les procédures courantes d'utilisation.

Cette documentation sera fournie au plus tard à l'issue de la vérification d'aptitude (V.A.) dudit système.

ARTICLE 8 - Réception des documents techniques

8.1. Etude fonctionnelle détaillée

156

Comment créer le dossier d'appel d'offres

La réception fera l'objet des vérifications qualitatives prévues.

La personne responsable du marché dispose d'un délai de *(deux (2) mois)* pour notifier sa décision d'admission ou de rejet du titulaire.

8.2. Cahier des charges de réalisation

La réception du cahier des charges de réalisation du projet sera prononcée selon les modalités prévues par les textes en vigueur *(articles 32 et 33 du C.C.A.G./P.I. pour la France)*.

La personne responsable du marché dispose d'un délai de *(deux (2) mois)* pour notifier sa décision d'admission ou de rejet du titulaire.

ARTICLE 9 - Installation et mise en ordre de marche

La mise en ordre de marche du système d'information sur le prototype sera effectuée par le titulaire.

Ce dernier dispose de *(huit (8) jours)* à compter de la date contractuelle de livraison du système d'information pour effectuer la mise en ordre de marche.

ARTICLE 10 - Vérification et admission

Les vérifications qualitatives comprennent deux étapes : la vérification d'aptitude (V.A.) et la vérification de service régulier (V.S.R.).

Ces deux vérifications s'effectuent selon les modalités suivantes :

10.1. Vérification d'aptitude (V.A.)

La vérification d'aptitude a pour but de constater que le système d'information du prototype livré présente les caractéristiques techniques qui le rendent apte à remplir les fonctions précisées dans le cahier des charges de *(l'administration, l'entreprise ou l'organisme)*.

...../....

157

La personne responsable du marché dispose d'un délai (*d'un (1) mois*) à compter de la mise en ordre de marche pour effectuer les opérations de vérification d'aptitude et notifier sa décision au titulaire.

La vérification d'aptitude sera déclarée positive si, durant la période dévolue à la personne responsable du projet, les résultats des tests sont jugés satisfaisants vis à vis de l'ensemble des utilisations développées par le système d'information, objet du marché.

10.2. Vérification de service régulier (V.S.R.)

La vérification de service régulier a pour but de constater que le système d'information fourni est capable d'assurer un service régulier dans les conditions normales d'exploitation pour remplir les fonctions visées à l'article 10.1. ci avant.

La régularité du service s'observera à compter du jour de l'admission par la personne responsable de la vérification d'aptitude, pendant une période dont la durée est fixée à (*deux (2) mois*).

Pendant cette période, le service sera réputé régulier si la durée cumulée des indisponibilités des éléments du système ne dépasse pas 2 % de la durée, sur les deux mois, de son utilisation effective.

10.3. Admission

À l'issue de la période de vérification de service régulier, la personne responsable du marché dispose de (*sept (7) jours*) pour prononcer la décision d'admission du produit, objet du présent marché.

Si la V.S.R. est positive, la personne responsable du projet prononce l'admission des prestations.

Si la V.S.R. est négative, la personne responsable du projet annonce soit l'ajournement des prestations avec vérification de la régularité pendant une période supplémentaire (*d'un (1) mois*), soit une admission avec réfaction, soit un rejet des prestations.

Comment créer le dossier d'appel d'offres

ARTICLE 11 - Propriété intellectuelle

(concerne les Administrations françaises : Pour les droits et obligations des parties pour l'utilisation des résultats, il est fait application de l'option A du chapitre IV du cahier des clauses administratives générales, prestations intellectuelles : C.C.A.G. / P.I.).

En aucun cas, la personne responsable du projet ne doit être victime d'un quelconque trouble dans la jouissance du système d'information fourni. En cas éventuel de désagrément, le titulaire du marché devra prendre toutes les mesures propres à le faire cesser.

ARTICLE 12 - Prolongation de délai, pénalités pour retard

Les éventuelles demandes de prolongation de délai seront adressées à la Direction de (administration, entreprise, organisme qui a émis l'appel d'offres) qui seront examinées.

En cas de retard dans l'exécution du marché, des pénalités seront appliquées *(selon les dispositions de l'article 16 du C.C.A.G. / P.I. pour les administrations françaises)*, par application de la formule[1] suivante :

$$P = \frac{V \times R}{(1000)}$$

ARTICLE 13 - Cautionnement

Le titulaire du marché *(est dispensé de - doit)* constituer un cautionnement pour le présent marché.

ARTICLE 14 - Avance forfaitaire

Une avance forfaitaire (pour chacune des tranches) pourra être versée au titulaire sauf indication contraire dans l'acte d'engagement. Si le délai «D» d'exécution des prestations exprimé en mois n'excède pas 12 mois, son montant sera égal à *(5 %)* du montant de la tranche considérée.   .../...

---

[1] Ex. pour un marché de 1.000.000, les pénalités P = 1000 par jour de retard.

Si le délai «D» d'exécution des prestations exprimé en mois est supérieur à 12 mois, son montant sera égal à 5 % par 12/D du montant de la tranche considérée.

Le mandatement des avances forfaitaires interviendra sans formalité dans le délai d'un mois compté à partir de la date à laquelle commence à courir le délai contractuel d'exécution de la tranche considérée.

Les montants des avances forfaitaires ne seront ni actualisés ni révisés au moment de leur liquidation.

Le remboursement des avances forfaitaires s'effectuera lorsque le montant des prestations de chaque tranche considérée atteindra ou dépassera 70 % du montant initial de chacune des tranches pour laquelle l'avance forfaitaire a été consentie.

Ce remboursement devra être terminé lorsque le dit montant aura atteint *(80 %)* du montant de la tranche considérée.

ARTICLE 15 - Modalités de règlement

(Cet article concerne les modalités comptables).

15.1. *Règlement des sommes dues*

(délai de règlement après réception des factures, mode de règlement, etc.)

15.2. *Production des factures*

(ex. :) Les factures seront établies en un original et trois copies et devront être adressées à *(nom ou raison sociale et adresse complète)* par lettre recommandée avec accusé de réception ou remise contre récépissé daté et signé.

Les factures devront porter, outre les mentions légales, les indications suivantes : *(détaillez).*

(explications sur la procédure de transmission des factures au sein de l'entreprise ou de l'organisme).

...*/*...

160

15.3. *Acomptes et soldes*

(Détaillez la périodicité et les pourcentages pour chacune des tranches. Exemple :)

TRANCHE FERME

Acompte A :   *(40 %)* à la remise du 1er compte-rendu trimestriel ;

Acompte B :   *(40 %)* à la présentation aux opérations de vérification de l'étude et de la conception fonctionnelle détaillée ;

Solde :   *(20 %)* à l'acceptation de l'étude et de la conception fonctionnelle détaillée.

TRANCHE OPTIONNELLE

Etc.

ARTICLE 16 - Dérogations au C.C.A.G.

Sans objet *(ou indiquez les dérogations éventuelles).*

Il n'y a pas que les sociétés de service et d'ingénierie en informatique pour poser des «pièges». Vous aurez sans doute remarqué que la *vérification de service régulier* (VSR), dont il est fait mention à l'article **10.2.** du *cahier des clauses techniques particulières* (CCTP) ci-dessus, ne précise pas si la période de deux mois doit ou non être *incluse dans le délai de réalisation* du projet.

Voilà donc une bonne question à poser aux responsables du projet, car l'inclusion de ces deux mois dans le délai total de réalisation pénalise forcément le titulaire, puisque ce dernier devra achever ce projet deux mois avant la date de fin prévue à T0 + 21 mois (T0 est la date de notification du marché. Voir article **4.1.** du CCTP).

Le règlement des clauses techniques

Le *règlement des clauses techniques particulières* est tout simplement le **cahier des charges** du projet.

Le règlement particulier d'appel d'offres

Agence Spatiale
Informatique
444 place de la gare
CH1220 GENEVE (SUISSE)
Tél. (44) 2664-6363

Le 2 décembre 1993
N° 4215 SMI/JBG

Affaire suivie par :
Mme J. Beaulieu-Gagnon
Tél. (44) 2664-6363 poste 123

RÈGLEMENT PARTICULIER D'APPEL D'OFFRES

relatif à
L'étude fonctionnelle détaillée et la réalisation d'un système
d'information destiné à permettre ... etc.

Projet XWZQYH

Date de remise des offres :
(*date et heure. Ex.* 24 décembre 1993 à 17 heures)

ARTICLE PREMIER - Objet de l'appel d'offres

Le présent appel d'offres a pour objet l'étude et la réalisation d'un système d'information destiné à permettre ... *etc.*

ARTICLE 2 - Conditions de l'appel d'offres

2.1. *Mode d'appel d'offres*

Le présent appel d'offres est un appel d'offres restreint précédé d'un avis d'appel à candidatures.   .../...

Comment créer le dossier d'appel d'offres

(pour les administrations françaises : Il est soumis aux dispositions des articles 93 à 97 du code des marchés publics).

2.2. Maîtrise d'œuvre

La maîtrise d'œuvre est assurée par *(précisez ... il s'agit du service, du département ou de la sous-direction qui a la responsabilité de réaliser le projet pour le compte des utilisateurs. Le titulaire agit ici comme maître d'œuvre sous-traitant).*

La personne représentant *(la société, l'organisme, l'administration, etc.)* sur le site est : *(Mr/Mme/Mlle XXX, Chef de projet. Indiquez éventuellement d'autres responsables selon les aspects; Par exemple : l'administrateur des données, etc.).*

2.3. Décomposition en tranches

(les tranches s'appliquent généralement à des tranches budgétaires. Chaque tranche peut comporter des lots : ex. lot d'outils logiciels, lot d'applications, lot de matériels, lot de câblage, etc.). Exemple :

Les prestations, objet du présent marché, sont découpées en deux tranches :

Tranche ferme : étude et conception détaillée du système d'information et des outils logiciels nécessaires à la constitution initiale de la base de données.

Tranche optionnelle : réalisation et mise en œuvre.

2.4. Délais d'exécution

Le délai d'exécution de la tranche ferme est de dix (10) mois à compter du lendemain de la notification du présent marché. Le délai d'exécution de la tranche optionnelle est de onze (11) mois à compter du lendemain de la notification de son affermissement.

2.5. Délais de validité des offres

Le délai de validité des offres est fixé à quatre vingt dix (90) jours .   .../...

163

Diriger un projet

Il court à compter de la date limite fixée pour la remise des offres.

2.6. *Présentation du projet et de son environnement*

(note de l'auteur : cet article a été ajouté sur ma demande. Il s'agit d'effectuer une présentation complète du projet, des personnes impliquées côté maîtrise d'ouvrage et maîtrise d'œuvre, des projets se situant en amont et en aval, et de préciser certains détails du cahier des charges ainsi que les points qui auraient évolué depuis la communication du cahier des charges. En effet, malgré plusieurs relectures, il se peut que certains points aient besoin d'être précisés. En effectuant cette présentation aux dix à douze sociétés retenues par le comité de présélection, on évite ainsi de préciser dix à douze fois les mêmes choses sans parler de versions ou de variantes possibles d'une société à l'autre. Cette technique, souvent utilisée par les organismes gouvernementaux au Canada, permet de répondre en grande partie aux questions que se posent les sociétés dès la première lecture du cahier des charges. Pour que cette réunion soit efficace, il ne faut la faire qu'après avoir laissé le temps aux sociétés de prendre connaissance du cahier des charges, soit environ deux semaines après l'envoi. En fin de réunion, on peut demander s'il y a des questions, mais il va sans dire que les sociétés en présence évitent habituellement de poser des questions susceptibles de donner des pistes à la concurrence. C'est pourquoi il est recommandé de prendre des rendez-vous en fin de réunion et pour les deux ou trois jours qui suivent avec chacune des société présente). ...../...

Comment créer le dossier d'appel d'offres

Les sociétés seront reçues à *(heure. Ex. 9 heures 30)* le *(date. Ex. mercredi 15 décembre 1993)* dans *(la salle de réunion située ... adresse complète)* pour une présentation générale du projet et de son contexte et répondre aux questions éventuelles concernant le cahier des charges.

Il est donc demandé aux sociétés de préparer leurs questions en vue de cette rencontre et de ne pas contacter le Directeur ou le chef de projet, sauf pour confirmer la réunion du *(date. Ex. 15 décembre 1993)*.

Cette réunion a pour but de présenter le projet de la même manière à tous les candidats présélectionnés et de garantir ainsi une sains concurrence.

À l'issue de cette réunion, des rendez-vous seront pris avec les sociétés qui souhaiteraient être reçues dans les deux *(ou trois)* jours qui suivent afin que l'équipe do projet (maîtrise d'ouvrage et maîtrise d'œuvre) puisse répondre aux questions qui resteraient.

2.7. Dispositions relatives aux travaux concernant ...
    (précisez de quels travaux spécifiques il s'agit).

(Cet article a pour but d'attirer l'attention des sociétés sur le caractère spécifique de certains travaux. Par exemple, sur la **confidentialité** *s'il s'agit de données concernant du personnel (données nominatives : n° de sécurité sociale, adresse, éléments de rémunération, dossier scolaire, dossier médical, dossier syndical, etc.) ou encore de données particulièrement* **sensibles** *pour une entreprise, une administration (ex. police, douanes, défense nationale, cabinet du premier ministre, etc.). Ex. :*

Le présent dossier intéressant ... *(précisez)*, les candidats auront à en assurer la conservation avec toutes les précautions nécessaires et à le retourner au plus tard à la date fixée pour la remise des offres.

<u>ARTICLE 3</u> - Présentation des offres

Le dossier de consultation est remis gratuitement aux société candidates *(précisez si ce n'est pas le cas).*   .../...

165

Diriger un projet

Les offres des concurrents seront rédigées en français *(précisez si ce n'est pas le cas)*.

Le dossier à remettre à *(entreprise, organisme, etc.)* par les concurrents comportera les pièces suivantes :

<u>Une déclaration à souscrire</u> *(modèle MPE 13/N88 pour les administrations françaises)* pour chacune des sociétés concurrentes ayant pour vocation à être titulaires du marché.

<u>un projet de marché</u> comprenant :

    un acte d'engagement daté et signé par un représentant qualifié de la société consultée ;

    une proposition technique argumentée et détaillée comprenant notamment :

        - les tableaux dûment complétés des pages *nn* et *nn* du cahier des charges *(il s'agit de grilles destinées à faciliter les comparaisons entre sociétés et le dépouillement)* ;

        - une description de la méthodologie de développement et de gestion de projet proposée, détaillant les productions de chaque étape et les points de validation jugés nécessaires.

        - la structure précise de l'équipe proposée, le C.V. et le rôle de chaque collaborateur, ainsi qu'un plan de montée en charge sur l'ensemble de la prestation.

    le cahier des clauses techniques particulières à accepter sans modification ;

<u>Un dossier de références</u> faisant apparaître clairement :

    - l'origine et la forme juridique de la société ;
    - les différents types d'activités ;
    - les éléments financiers ;
    - la structure d'implantation.

.../...

Comment créer le dossier d'appel d'offres

Si les sociétés concurrentes envisageaient plusieurs solutions pour répondre aux prescriptions du présent appel d'offres, elles pourront le faire à la condition expresse de présenter les solutions dites «supplémentaires» dans un sous-dossier distinct de la solution prioritaire.

ARTICLE 4 - Conditions d'envoi ou de remise des offres

Les offres devront parvenir sous double enveloppe.

L'enveloppe intérieure renfermant la proposition d'offre chiffrée et l'acte d'engagement portera la mention suivante :

Offre pour le projet xxx
Société yyy

L'enveloppe extérieure portera l'adresse suivante :

(indiquez l'adresse exacte. Il s'agit de l'adresse portée dans le texte de l'appel à candidatures ou dans l'appel d'offres tel qu'il a été publié).

avec la mention suivante :

À ne pas ouvrir par le *(bureau ou service)* **du courrier.**

(note : cette procédure peut paraître complexe, mais elle garantie que les propositions ne seront pas lues avant le jour et l'heure de clôture des réceptions. Il est donc impossible que leur contenu puisse être communiqué à une entreprise concurrente qui pourrait ainsi ajuster sa réponse avant de l'envoyer au dernier moment).

Les plis, s'ils sont envoyés par la poste avec avis de réception postal, devront parvenir à *(entreprise ou organisme)* avant la date et heure limites indiquées dans la page de garde du présent règlement. Les offres de prix peuvent être remises contre récépissé à *(nom et adresse complète du service assurant la réception et l'enregistrement des propositions)*. Les dossiers qui auraient été remis ou dont l'avis de réception postal serait délivré après la date et l'heure limites visées ci-dessus ainsi que ceux remis sous enveloppe non cachetée, ne seront pas retenus; ils seront renvoyés à leurs auteurs.   .../...

ARTICLE 5 - Renseignements complémentaires

Pour obtenir des renseignements complémentaires d'ordre technique, les candidats pourront prendre contact avec *(Mr, Mme ou Mlle nom-prénom téléphone et fax)* et éventuellement avec *(Mr, Mme ou Mlle nom-prénom téléphone et fax)*.

Pour les renseignements d'ordre administratifs, auprès de *(Mr, Mme ou Mlle nom-prénom téléphone et fax)*, responsable de la section des marchés.

Que vous soyez employés par une entreprise privée ou par une administration, ces documents bénéficient d'une longue expérience et permettent de garantir les aspects légaux d'un marché. N'hésitez pas à les utiliser lorsque vous monterez un appel d'offres ou un appel à candidatures dans le cas d'un appel d'offres restreint. Si vous vous situez parmi les sociétés de service, l'étude de ces documents vous permettra de gagner du temps lors de l'examen du dossier de projet en vue de votre prochaine réponse à appel d'offres.

Le chapitre suivant explique comment constituer le cahier des charges de votre projet (avec ou sans l'assistance de consultants externes). Il ne s'agit là que d'un *exemple* concernant un projet destiné à fonctionner en environnement client/serveur. Il va sans dire qu'un projet scientifique ou temps réel n'aura pas tout à fait la même approche. Les exemples cités dans ce livre ont plutôt une vocation à servir de *liste de contrôle* ou de *pense-bête*.

LE CAHIER DES CHARGES

Le cahier des charges étant appelé à devenir un document contractuel, il faudra apporter le plus grand soin à sa rédaction afin d'éviter toute contestation ultérieure ainsi que d'éventuels avenants. Il existe en effet des sociétés réputées pour être particulièrement spécialisée dans l'étude extrêmement pointilleuse du cahier des charges par leur service juridique et qui n'hésitent pas à produire un nombre conséquent d'avenants au contrat initial dès lors qu'une fonction particulière —qui semblait aller de soi en première lecture— est réclamée par le client alors que cette fonction n'est pas explicitement détaillée dans le cahier des charges, donc considérée hors contrat.

Après un rapide préambule indiquant que le chapitre qui va suivre contient les règles fondamentales *obligatoires* et *incontournables* à appliquer au projet, le cahier des charges commence donc par l'énoncé de ces règles.

Règles fondamentales

Il y aura lieu d'éviter des *règles floues* telle que : «le système devra présenter une ergonomie soignée», «le système devra afficher les messages d'alerte adéquats» ou encore : «les temps de réponse devront être acceptables», ce qui est beaucoup trop subjectif. Pour mieux illustrer ce paragraphe, rien ne vaut quelques exemples :

Règle n° 1 :   *temps de fonctionnement du service.*
En fonctionnement normal, le futur système devra être accessible aux clients 5 jours sur 7 du lundi au vendredi inclus entre 8 h 30 et 18 h.
En fonctionnement dégradé, il devra être accessible de 8 h 30 à 18 h du lundi au jeudi et de 8 h 30 à 12 h le vendredi.

Règle n° 2 :   *architecture matérielle retenue.*
L'architecture matérielle retenue pour ce projet est l'architecture client-serveur dans un environnement de systèmes ouverts en réseau.

Exemple de cahier des charges

Règle n° 3 : *scénarios d'environnement matériel.*
Il est demandé de motiver et détailler les scénarios suivants :
Scénario A : 1 serveur ;
Scénario B : 2 serveur ;
Scénario C : plusieurs serveurs ;
Scénario D : autres propositions.

Règle n° 4 : *puissances et capacités mémoire nécessaires.*
Les puissances nécessaires proposées dans les scénarios d'environnement matériel devront être suffisantes pour absorber les contraintes suivantes :
- tous les clients connectés travaillent en même temps (en heure de pointe) ;
- temps de réponse n'excédant pas le maximum permis dans la règle 5.
- utilisation d'un SGBDR générant et traitant un nombre important de requêtes sur un maillage important de réseaux hétérogènes.

Précisez par calculs justifiés, les puissances et capacités de mémoire nécessaires si la dégradation du service implique que la moitié seulement des utilisateurs connectés peuvent travailler normalement avec des temps de réponse ne dépassant pas 10 à 20 secondes pour l'acquittement du ou des serveurs, temps de transit sur les réseaux non compris.

171

Diriger un projet

Règle n° 5 :   *nombre d'utilisateurs connectés.*
1er palier : 10 à 20 utilisateurs simultanés ;
2e palier : 21 à 50 utilisateurs simultanés ;
3e palier : 51 à 80 utilisateurs simultanés ;
pour un temps de réponse maximum compris entre 1/2 et 3 secondes (hors réseaux, acquittement du ou des serveurs sans traitement de la requête)

Règle n° 6 :   *sécurité de fonctionnement.*
fonctionnement du serveur en mode automatique (gestion des processeurs, basculement automatique d'un serveur sur un autre, etc.). Détaillez vos scénarios de sécurité.

Règle n° 7 :   *postes de travail.*
Les postes de travail des clients devront également pouvoir fonctionner de manière autonome et devront être bâtis sur une architecture-type définie par le maître d'œuvre et devront fonctionner dans les environnements suivants :
MS/DOS, UNIX (normes POSIX), OS/2, Windows NT ou Apple OS système 7 ;
Noyau exécutable du SGBDR choisi ;
TCP/IP ou autre protocole OSI adapté.
Gestionnaire réseau Novell Netware 386, Netware 4 ou Lan Manager ;
Gestionnaire de menu compatible Windows/Workstation.

172

Exemple de cahier des charges

Règle n° 10 : SGBDR.
> Le choix du Système de gestion de Base de Données Relationnelles doit être conforme à la norme SQL. Il est recommandé de choisir les outils d'interfaçage les mieux adaptés au SGBDR choisi pour gérer les accès réseaux, le transport des informations, le générateur de requêtes et les échanges de messages entre clients connectés via un système de messagerie standard (boîtes aux lettres). Tous ces outils devront fonctionner dans des environnements Windows, Motif ou Macintosh.

Règle n° 11 : générateur de requêtes.
> L'applicatif à développer pour ce projet est un important consommateur de requêtes. Il sera choisi conjointement au SGBDR et devra être «encapsulé» par un développement spécifique parfaitement interfacé avec ce SGBDR et permettant à un non informaticien de créer facilement ses propres requêtes ou de choisir des requêtes précalculées («clic» sur icônes).

Règle n° 12 : outils employés par les utilisateurs finals.
> Tous les outils mis à la disposition des clients («run-time» compris) peuvent être utilisés par des non-informaticiens.

173

Il y aura lieu de créer une surcouche logicielle dans l'applicatif et le valoriser dans les réponses à cet appel d'offres.

Les réponses aux requêtes doivent pouvoir être récupérées dans le tableur Excel 4 de Microsoft (PC ou Macintosh).

Il est demandé un gestionnaire de menus permettant à un non-informaticien d'effectuer un navigationnel simple dans toutes les possibilités offertes par le projet.

Règle n° 13 : applicatif : hypothèse de fonctionnement.
Les équipements et les connexions aux réseaux permettant d'accéder au serveur du projet sont à la charge des utilisateurs. En revanche, l'exécutable («run-time») de l'applicatif est gratuit.

Règle n° 14 : applicatif : hypothèse de fonctionnement.
(détaillez les exigences du projet) …

Règle n° 16 : applicatif : hypothèse de fonctionnement.
…

Règle n° 17 : applicatif : hypothèse de fonctionnement.
…

Règle n° 18 : applicatif : hypothèse de fonctionnement.
…

Règle n° 19 : applicatif : hypothèse de fonctionnement.
…

Règle n° 20 : applicatif : hypothèse de fonctionnement.
…

Règle n° 21 : *progiciels existants.*
> S'il existe un progiciel susceptible de répondre aux règles de ce projet, vous pourrez faire une proposition en ce sens.

Règle n° 22 : *langage de développement.*
> ...

Règle n° 23 : *sécurité des accès.*
> ...

Règle n° 24 : *méthodologie employée.*
> ...

Etc., etc. Il ne s'agit ici que d'**exemples**. N'oubliez jamais que le cahier des charges est un document contractuel et qu'en cas de litige (ex. procès), chacune de ces règles pourra être utilisée tant par votre «adversaire» contre vous que par vous contre votre adversaire.

Étude de l'existant

(Il s'agit de faire un audit de la situation actuelle. Cette étude sera essentiellement basée sur des entretiens (*interviews*, en anglais), généralement conduits auprès des utilisateurs et de leur hiérarchie, à partir d'une liste de questions préparées).

Identification des problèmes

(Tous les problèmes rencontrés lors de l'audit de la situation existante devront être soigneusement notés).

Conclusions, remèdes

(Les conclusions doivent bien entendu justifier le projet. Les remèdes apportés seront traduits sous forme d'actions à mener pour répondre aux problèmes soulevés).

Enjeux du projet

(Il est important de rappeler ici les enjeux du projet :)

Enjeux stratégiques

...

Enjeux informationnels

...

Enjeux organisationnels

...

Description des flux

Diagramme organisationnel

(Il s'agit de réaliser ici le diagramme global situant le *contexte du projet* dans l'entreprise ou dans l'organisme).

176

Liste des flux internes et externes

(dessiner ici le diagramme global du projet, de ses entrées et de ses sorties).

Le projet X

Structure de conduite du projet

(Faire un rappel sur la structure de conduite de projets et insérez le dessin de cette structure).

Maîtrise d'ouvrage

(Détailler les entités impliquées et nommer ici les responsables de la maîtrise d'ouvrage).

Maîtrise d'œuvre

(Détailler les entités impliquées et nommer ici les responsables de la maîtrise d'œuvre).

Instances de décision et d'arbitrage

(Détailler les entités impliquées et nommer ici les responsables du comité directeur et du comité des utilisateurs).

Objectifs du nouveau système

(Rappeler ici les objectifs du nouveau système et introduisez les paragraphes suivants : orientation, moyens, inconvénients (ou contraintes) et avantages).

Orientations

(Inscrire ici les grandes orientations du projet).

Moyens

(Il s'agit des moyens à mettre en œuvre pour atteindre les objectifs : assurer la cohérence globale des informations, faciliter la décision, normaliser les procédures, etc.).

Inconvénients

(recenser les contraintes techniques organisationnelles et budgétaires qui vont influer sur le projet).

Contraintes techniques

(problèmes de réseaux, d'hétérogénéité de matériel, etc.).

Contraintes organisationnelles

(insertion du projet dans l'entreprise ou dans l'organisme)

Contraintes budgétaires

(coût du projet, limites budgétaires, découpage annuel...)

178

Avantages

(Le projet apporte —en principe— certains avantages. Les entreprises attendent quels sont les retours sur investissement, les impacts sur la politique du personnel...)

Avantages qualitatifs

(données normalisées, procédures simplifiées, efficacité...)

Avantages quantitatifs

(délais de réaction, volumes traités, agrégats...)

Avantages économiques

(retour sur investissements, gain en personnel, etc.).

Découpage du projet

(Découpez le projet en phases pour un meilleur contrôle).

Première phase

(Détaillez la phase).

Deuxième phase

(Détaillez la phase).

...ième phase

etc.

179

Fonctions du système

(Indiquez les principes généraux).

Durée du service

(Reprendre les règles).

Procédures dégradées

Dimensionnement du matériel

Réseaux

Clients

Interfaces

Bases de données

Volumétries

Montée en puissance

Hypothèses de fonctionnement

Requêtes

Résultats

(Il ne s'agit là que d'exemples à développer).

180

Fonctions et domaines

(Là encore, ceci dépend de votre projet. Il s'agit des principales fonctions reprises dans les règles et des différents domaines couverts par le projet).

Fonctions

Domaines

Diagramme conceptuel

(Dessinez le diagramme conceptuel montrant les fonctions et domaines du projet).

Méthodologie souhaitée

(Sans imposer une méthodologie particulière, vous pouvez donner des indications sur ce que vous souhaiter voir appliqué en matière de conduite et de suivi de projet).

Conduite de projet

(Par exemple, listez les phases SDM/S).

Obligation de discrétion

(Paragraphe type concernant l'obligation de discrétion concernant votre entreprise ou votre organisme).

Suivi de projet

(Rappelez les structures d'encadrement du projet, indiquez la périodicité des diverses réunions d'avancement du projet, les points de contrôle, les documents exigés, etc.).

Maintenance et garanties

(Rappelez les conditions du C.C.A.G en ce qui concerne les clauses et les délais).

Garanties

(Rappelez les clauses de garantie applicables).

Maintenance

(Si la maintenance doit être assurée par le titulaire du marché, indiquez les conditions souhaitées et demandez les évaluations et justifications nécessaires).

Assurance qualité

(Insérez éventuellement tout ou partie du Plan d'Assurance Qualité proposé dans cet ouvrage).

Planification globale

(Insérez un planning global de réalisation du projet. Utilisez un outil tel que *Microsoft Project*, par exemple).

Canevas de réponse

(Un canevas obligatoire de réponse permettra de visualiser rapidement le contenu essentiel des réponses à l'appel d'offres et, par conséquent, de faciliter le travail du comité de sélection des candidatures). Ce canevas devra être suffisamment clair pour être facilement rempli par les sociétés de service.

Annexes au cahier des charges

(Dans cette partie, vous regrouperez tous les éléments nécessaires à l'appréciation du projet : renseignements sur les identifiants et sur les rubriques, schémas, organigrammes, statistiques, écrans et commentaires sur la maquette éventuellement réalisée lors de l'étude préalable, règlements, consignes, décisions, directives, notes en rapport avec le projet, liste des configurations type, normes et standards applicables, etc.).

183

Diriger un projet

Tout ceci n'est donné qu'à titre indicatif et devra, bien entendu, s'appliquer à votre projet. On peut toujours faire mieux !

Le chapitre suivant va donc parler de l'offre proposée par la société de services et d'ingéniérie en informatique. Si vous appartenez à une telle société, j'espère que les rensignements qui vous sont donnés vous aideront à emporter des marchés informatiques importants. Si vous êtes du côté du client, le canevas de l'offre type que je vous propose vous aidera à poser les bonnes questions pour éclaircir certains points des offres qui vous seront proposées.

L'OFFRE

Même en étant connu et jouissant d'une très bonne réputation, et à fortiori si vous débutez dans cette spécialité, la concurrence existante est féroce dans ce domaine où les contrats peuvent se chiffrer en plusieurs milliers, voir millions et rien ne peut vous garantir une exclusivité totale ou un marché protégé. Certain clients s'adresseront directement à vous, d'autres passeront pas la procédure *d'appel d'offres* mais, si vous avez pensé à entretenir de bons rapports avec vos anciens collègues informaticiens en place chez de futurs clients ou si vous avez pu constituer votre *réseau* d'informateurs bien placés à l'occasion de vos visites des services informatiques, vous pourrez avoir connaissance de *projets de projets* bien **avant** que l'idée soit concrétisée par un appel d'offres officiel.

Présentation de l'offre (SSII)

Détaillons un peu les divers documents qui viennent de vous être présentés. Les candidats auront à produire un dossier complet comprenant les documents suivants :

- l'acte d'engagement complété, daté et signé ;
- la proposition en réponse au cahier des charges d'appel d'offres (établie en *n* exemplaires) et *respectant les impératifs du canevas de réponse proposé ou imposé* dans le cahier des charges, ainsi que les fiches ou tableaux de synthèse éventuellement exigés dans le cahier des charges en vue de faciliter la tâche du comité de dépouillement des offres ;
- le ou les formulaires éventuellement réclamés (par les administrations[1]).

Indication des prix

Pour les administrations et autres organismes gouvernementaux régis par un *code des marchés publics,* ce code définit les critères à prendre en compte pour l'établissement des prix. Les prix des prestations sont exprimés en prix toutes taxes comprises. Néanmoins, il est recommandé d'indiquer les taux et le montant de ces taxes. Le soumissionnaire devra indiquer la nature des prix indiqués : référence à un liste de prix, un barème ou un indice, etc.).

---

[1] Par exemple le formulaire MPE 13N en France.

Il sera précisé les limites de validité des prix mentionnés et la durée pendant laquelle le soumissionnaire s'engage à maintenir ses prix fermes ainsi que les modes d'ajustement éventuels de ces prix.

Expédition de l'offre

Le dossier de proposition est placé dans une *première* enveloppe portant la mention *«Réponse à l'appel d'offres concernant le projet xxx»* et les coordonnées du responsable de ce projet.

Cette enveloppe est elle-même placée dans une enveloppe plus grande *adressée à l'organisme qui a fait paraître l'appel à candidatures ou l'appel d'offres*. L'adresse peut donc être différente de celle du responsable du projet.

En effet, ces lettres seront ouvertes par un *comité d'ouverture des plis* qui enregistrera scrupuleusement *l'ordre et l'heure d'arrivée* de ces lettres ainsi que les coordonnées de leurs expéditeurs.

Cette procédure légale permet de se garantir en cas de contestations ultérieures.

Les dossiers peuvent être envoyés par *recommandé avec accusé de réception* ou par un porteur qui s'adressera directement au service responsable de la réception des dossiers (celui qui est indiqué sur *l'appel d'offres* ou *l'appel à candidature*).

187

Il est assez fréquent que les sociétés qui ont travaillé jusqu'à la dernière minute sur leur proposition arrivent *après l'heure limite* de réception des plis. Dans ce cas, aucune dérogation n'est possible, même à une minute près et le dossier en retard sera rejeté. Il est donc conseillé de prendre ses précautions et de ne pas utiliser les services d'un coursier ou d'un taxi en dernière minute compte-tenu des aléas de la circulation dans les grandes villes.

Contenu de l'offre

Si le cahier des charges contient un canevas de réponse, il y aura lieu de s'en tenir à ce canevas. Rien n'est plus désagréable, pour l'émetteur (généralement le Chef de projet et le comité de dépouillement), d'avoir à rechercher dans un volumineux dossier où se trouvent les éléments clés de l'offre. Tenter d'imposer sa propre démarche, même si elle a fait ses preuves et même s'il s'agit d'une procédure imposée par la société de services pourrait conduire à l'élimination pure et simple de votre offre.

Sur l'un des projets dont j'avais la responsabilité, une grande société (très connue) s'est permise de présenter un acte d'engagement dans lequel elle avait tout simplement «oublié» d'indiquer les sommes correspondant aux diverses prestations à effectuer. Or ce document est une pièce juridique et il n'est bien entendu pas question de rechercher dans tout le dossier les pages contenant le chiffrage de l'offre.

188

Pour ajouter à la confusion, cette même société a inclus une proposition commerciale concernant un autre projet dans ce même dossier ! Inutile ensuite de venir nous vanter leur plan d'assurance qualité !

Présentation de l'offre

Généralement, les «bonnes» offres devraient proposer un bref résumé de présentation (moins de dix pages) contenant les éléments suivants :

- un résumé sur le contexte du projet (QQOQC[1]) ;

- une *présentation rapide* de la réponse de la société concernant l'appel d'offres et indiquant les points forts de cette offre (notoriété de la société, habilitations en matière de sécurité, de qualité, etc., connaissance du domaine, expertise client/serveur, usage et respect des normes, maîtrise de projets similaires, technicité en matière d'architecture matérielle, logicielle et réseaux, etc.) ;

- une présentation succincte des *ressources humaines* de la société (compétences, niveaux, qualifications, etc.) ;

- les *tableaux de synthèse* exigés dans le cahier des charges ou un résumé en un seul tableau de la proposition commerciale ;

- une liste des noms de projets similaires, de leurs coûts et du délai dans lequel ils ont été réalisés ;

---

[1] Qui, Quoi, Où, Quand, Comment

189

- les *moyens nécessaires* pour réaliser le projet (locaux, ordinateurs, logiciels) en fonction des phases ;

- un *diagramme PERT* du projet ou un échéancier graphique équivalent.

Ce petit fascicule devra être correctement relié et ne comporter que l'essentiel de l'offre. Il servira sans aucun doute d'inspiration au président du comité de dépouillement (ou du comité de sélection) pour établir une fiche de synthèse à destination de sa hiérarchie. Autant dire que les informations qu'il renferme doivent être soigneusement choisies tout en restant parfaitement conformes au contenu du dossier.

Sommaire type

Si aucun canevas de réponse n'est exigé dans le cahier des charges, vous pouvez proposer une démarche «maison». Un sommaire général (table des matières) permettra de retrouver facilement les éléments recherchés. Il est recommandé de découper l'offre en chapitres indépendants (numérotation par chapitre) et comportant chacun son propre sommaire. En cas de modification (ajout ou retrait de pages, il n'y aura qu'un chapitre à renuméroter et à réimprimer).

Exemple :

0. Présentation générale (ou Présentation de l'offre)
    0.1. Introduction

L'offre (proposition de la SSII)

(rappel bref du contexte : appel d'offres)
1. Objectifs du projet
    1.1. Exigences (ou Règles) fondamentales
    1.2. Contraintes (à respecter) (configuration, outils, etc.)
    1.3. Principes de la (ou des) solution(s) proposée(s)
2. Analyse du problème (ou Compréhension du besoin)
    2.1. Besoins fonctionnels
    2.2. Orientation (politique : schéma directeur stratégique)
    2.3. Données (source, mode d'acquisition, etc.)
    2.4. Traitements (détails, performances)
    2.5. Services attendus (diponibilité, intégrité, pérennité)
3. Solution(s) proposée(s)
    3.1. Architecture fonctionnelle
        3.1.1. Orientations fondamentales
        3.1.2. Architecture du système d'information
            3.1.2.1 Schéma global (et détaillé)
                (Serveur, Postes de travail, etc.)
    3.2. Architecture matérielle
        3.1.1. Dimensionnement (serveurs, postes de travail)
        3.1.2. Scénarios (1, 2, 3, etc.)
            3.1.2.1. Avantages, inconvénients (tableaux)
        3.1.3. Matériels proposés
    3.3. Architecture logicielle
        3.3.1. Principes (superviseur, serveurs logiques, etc.)
        3.3.2. Interfaces homme-machine, présentations
        3.3.3. Fonctionnalités (contrôle des accès, cto.)
        3.3.4. Outils logiciels employés (descriptions)
            3.3.4.1. Progiciels (s'il y a lieu)
            3.3.4.2. Outils de développement spécifiques
            3.3.4.3. SGBDR et outils SGBDR
            3.3.4.4. AGL (recommandé (client) ou utilisé)
            3.3.4.5. Outils de type SIAD ou EIS, etc.
    3.4. Architecture réseau
        3.4.1. Principes (topologies physiques et logiques)
        3.4.2. Descriptions (ex. serveur de messagerie, etc.)
        3.4.3. Conformité aux normes

4. Démarche de développement (ou de réalisation)
    4.1. Principes (ou Modalités ou Organisation)
    4.2. Phasage
    4.3. Méthodes et outils
5. Réalisation (ou Pilotage) du projet
    5.1. Principes, organisation
        5.1.1. Maîtrise d'ouvrage (rôle, fonctions, charges)
        5.1.2. Maîtrise d'œuvre (rôle, fonctions, charges)
        5.1.3. Titulaire (ou Responsable SSII du projet)
    5.2. Méthodologie de direction (de réalisation) de projet
        5.2.1. Présentation de la méthodologie de la SSII
            (ou Présentation de la méthodologie imposée)
        5.2.2. Présentation des outils méthodologiques
            5.2.2.1. AGL utilisé (ou recommandé)
            5.2.2.2. Méthode (ex. Merise, SDM/S, etc.)
        5.2.3. Outils d'expertise (ou Recours à des experts)
            (SGBDR, RH, réseaux, ergonomie, etc.)
    5.3. Conduite (et suivi) du projet
        5.3.1. Objet (ou Principes) de conduite de projets
        5.3.2. Méthode utilisée (procédures suivi du projet)
            (phasage, réunions, comptes-rendus, etc.)
    5.4. Autres prestations
        5.4.1. Formation (ou réalisation d'un didacticiel)
        5.4.2. Assistance technique sur site pilote
        5.4.3. Garanties (logiciel réalisé), Maintenance, etc.
6. Charges (ou Évaluation des charges)
    6.1. Méthode de calcul des charges employée
    6.2. Échéancier (phase par phase : DBS, CAS, SES, etc.)
    6.3. Bilan des charges
        6.3.1. Charges fonctionnelles
        6.3.2. Charges de programmation
        6.3.3. Charges indirectes (contrôle de la qualité)
        6.3.4. Autres charges (mise en place, etc.)
        (ex. expertise SGBDR et autres, encadrement)
    6.4. Tableaux récapitulatifs des charges
        (par tranches, par lots)

7. Proposition financière
7.1. Conditions générales
7.2. Détail des prix (par tranches)
7.3. Chiffrage hors marché (s'il y a lieu : logiciels, outils,…)
7.4. Conditions particulières (options)
7.5. Maintenance
7.5.1. Conditions générales
7.5.2. Conditions particulières (options)
8. Annexes
8.1. Plan Assurance Qualité (qui sera mis en œuvre)
8.2. Curriculum Vitae des intervenants proposés
8.3. Tableaux de synthèse (évaluation, tableaux exigés)
8.4. Tableaux récapitulatifs (offre)
8.5. Autres annexes (ex. comparatifs entre outils logiciels)
(ou demandes particulières du cahier des charges)

Naturellement, ce sommaire devra être adapté au projet. Si l'appel d'offres concerne la fourniture d'onduleurs, il est évident que ce plan de réponse ne convient pas. En revanche, s'il s'agit de la réalisation d'un projet informatique impliquant un développement spécifique et une intégration de systèmes hétérogènes dans un environnement client/serveur, ce plan me semble particulièrement bien adapté.

Chaque société de service et d'ingéniérie en informatique a ses propres secrets et je ne prétends pas, dans ce livre, détenir la vérité. Je m'appuie sur ma propre expérience de directeur de projet pour proposer ce plan, lequel semble d'ailleurs assez bien se rapprocher de ceux qui sont employés par plusieurs grandes SSII. S'il vous convient, il ne reste pratiquement qu'à compléter les chapitres !

Diriger un projet

Après que le comité d'ouverture des offres se soit réuni pour procéder à l'enregistrement des plis et à leur ouverture, le comité de dépouillement (aussi appelé comité de sélection) se livrera à un examen de ces offres conduisant à l'établissement de synthèses et de tableaux comparatifs. Il faudra compter au moins deux jours d'étude par offre, soit 60 jours ouvrables pour une trentaine d'offres.

Le chapitre suivant explique comment peut s'effectuer le dépouillement des offres reçues.

LE COMITÉ DE DÉPOUILLEMENT

Un *comité de dépouillement* doit être constitué dès l'envoi du cahier des charges (au début du lancement de l'appel d'offres) ou au plus tard avant réception des premières candidatures suite à la parution de l'appel à candidature.

Ce comité est composé de membres de la maîtrise d'ouvrage et de membres de la maîtrise d'œuvre. Plus rarement, ce comité sera composé d'instances particulières spécialisées selon le type d'appel d'offres. Il est possible de contracter un ou plusieurs experts pour se faire assister au dépouillement.

Rôle du comité de dépouillement

- d'établir un procès-verbal d'ouvertures des offres (lorsque cette ouverture n'a pas été effectué par un comité spécialisé dans les ouvertures et enregistrement de ces offres) ;

- de choisir, parmi les réponses, la société soumissionnaire la mieux adaptée aux problèmes posés dans le cahier des charges d'appel d'offres ;

- éventuellement, de retenir une liste restreinte (dite «short list») de trois sociétés qui seront entendues l'une après l'autre et auxquelles on pourra demander de préciser certains aspects de leurs réponses de manière à choisir la meilleure des offres ;

- d'établir un procès-verbal de clôture des offres ;

- de motiver le choix du soumissionnaire retenu.

Sélection des offres

En partant du tableau évoqué lors de l'analyse des candidatures reçues suite à l'appel d'offres ou à l'appel à candidatures, vous pourrez éliminer :

- les jeunes sociétés de moins de trois ans d'existence ;

- les sociétés dans lesquelles il existe moins de cinq fois le nombre de personnes nécessaires à l'exécution de la prestation ;
- les sociétés dont le chiffre d'affaires est inférieur à cinq fois la tranche annuelle du marché ;
- les sociétés non référencées par votre organisme si vous travaillez pour une administration ;
- les sociétés n'ayant pas ou très peu d'expérience dans le domaine couvert par le cahier des charges.

D'autres critères peuvent entrer en ligne de compte, comme ceux qui ont été évoqués dans le chapitre «Critères de présélection».

Personnellement, j'attache beaucoup plus d'importance aux *personnes* avec lesquelles il faudra travailler qu'au *nom* (ou au *renom*) de la société de service.

Les plus grandes sociétés de service peuvent parfaitement mettre à votre disposition des consultants dont l'expertise est inadaptée ou avec lesquels vous ne vous entendriez pas. Le facteur humain, lorsqu'on doit travailler ensemble pendant plusieurs mois ou même plusieurs années, me semble à privilégier.

Si vous n'y prenez pas garde, vous pouvez très bien tomber sur un *caractériel-colérique-qui-sait-tout* et qui passera son temps à régler ses comptes avec vous pendant 10, 15 ou 24 mois !

Diriger un projet

Grilles de dépouillement

Vous trouverez ci-après quelques grilles de dépouillement qui devraient être insérées dans l'appel d'offres.

Charges globales			
Phases du projet (Études)	Charges par jour	Tarif /jour	Coût en K(F, $,...)
Encadrement du projet			
Définition des Besoins du Système			
Choix Architecture du Système			
Spécifications Externes du système			
Maquettage / Prototypage			
Phases du projet (Réalisation)	Charges par jour	Tarif /jour	Coût en K(F, $,...)
Spécifications Internes du système			
Codage + tests unitaires (PRG)			
Tests d'intégration + tests fonction.			
Conversion (CONV)			
Mise en Place sur site Pilote (MPP)			
Phases du projet (Annexes)	Charges par jour	Tarif /jour	Coût en K(F, $,...)
Formation des utilisateurs			
Contrôle de la Qualité			
Divers (précisez)			
Maîtrise d'œuvre			
Projet (Coût global)	Charges par jour	Tarif /jour	Coût en K(F, $,...)
TOTAL :			

(Source : Axiem pour toutes ces grilles)

Références de projets similaires			
Organismes, Entreprises Sociétés, etc.	Nom du Projet	Charges (Coût global)	Durée totale

Diriger un projet

Méthodes, langages et outils prévus				
Phase ou Étape	Réalisation		Suivi de projet	
	Méthodes Langages	Outils	Méthodes	Outils

Exemples de méthodes : Merise, Gane/Sarson, etc.
Exemples de langages : C++, Cobol, Fortran, etc.
Exemples d'outils de développement : Object View, Business Object, SQL, etc.
Exemples d'AGL : Conceptor, Silverrun, etc.
Exemples d'outils de suivi de projets : Microsoft Project, MacProject, etc.

Décomposition de l'offre			
Domaine	Durée	Charges (C)	Coûts (Monnaie/C)
Encadrement du projet			
Chef de projet (SSII)			
Ingénieur d'études			
Analyste			
Analyste-programmeur			
Responsable Qualité			
Autres (experts, etc.)			
Remarques			

Durée estimée	
Charges globales (nb jours)	
Nbre de personnes de l'équipe	
Délai incompressible	
Délai optimal	

Calendrier proposé		
Début de l'étude	T0	
Fin de l'étude	T0+	
Début de la réalisation	T0	
Fin de la réalisation	T0+	
Début de mise en œuvre	T0+	
Fin de mise en œuvre	T0+	
Début de la formation	T0+	
Fin de la formation	T0+	
Recette globale de l'application	T0+	

201

L'insertion dans le cahier des charges des grilles de dépouillement que vous venez de voir a le mérite de rendre la comparaison entre candidats plus facile et les oblige à suivre un canevas de réponse imposé. On peut ainsi se rendre compte des méthodes et des outils qui seront employés ainsi que des charges affectées à la maîtrise d'œuvre (côté SSII) et à leur assurance qualité.

Les cahiers des charges ne sont pas aussi précis qu'ils devraient l'être puisqu'à ce niveau, on ne connaît pas encore le détail des besoins fonctionnels. Cependant, il ne devra pas être trop vague afin que les sociétés puissent proposer un dimensionnement adapté et raisonnable et éviter ainsi des propositions trop riches ou trop faibles.

C'est pourquoi, pour les incertitudes identifiées, il y aura lieu de demander aux sociétés de service de faire des propositions en fonction de scénarios susceptibles de comporter un intérêt pour l'émetteur de l'appel d'offres, ce dernier n'étant pas forcément à la pointe de la veille technologique.

Contraintes du forfait

La société exécutant un marché au forfait est payée à un prix fixé à la signature de ce marché avec obligation de produire le résultat escompté à une date fixée également. Elle a obligation de résultat et, par conséquent, l'émetteur de l'appel d'offres n'a pas à suivre la réalisation.

En pratique, il peut se produire divers glissements ou dé-rapages dont la maîtrise d'ouvrage ne peut corriger les ef-fets que si elle en a connaissance et s'il n'est pas trop tard pour réagir en conséquence. Même si les pénalités de re-tard sont très lourdes, il n'en reste pas moins que l'utili-sateur final n'aura pas la disponibilité du produit dans les délais fixés.

Il est donc recommandé de suivre ou de faire suivre la réalisation du projet par une assistance à maîtrise d'œu-vre. Si la société retenue est sérieuse, elle n'y verra au-cune objection. Le suivi du projet consiste à tenir un ta-bleau de bord dans lequel la durée prévue, les ressources consommées, le reliquat à produire et la dérive calendaire sont tenus pour chaque tâche.

Note technique

Chaque critère technique sera noté à partir d'une appré-ciation qualitative. La note peut être pondérée par un coefficient déterminé par le comité de dépouillement des offres. Ces coefficients devraient être déterminés avant que le dépouillement commence.

Note fonctionnelle

les aspects fonctionnels des offres seront étudiés en fonc-tion de ce qui a été demandé dans le cahier des charges.

En particulier :

- l'évaluation des charges et des délais ;
- la constitution des équipes proposées ;
- la qualité fonctionnelle des propositions ;
- la qualité formelle de l'offre ;
- la qualité technique des solutions d'intégration ;
- les compétences des sociétés, etc.

Notez ces aspects et faites la moyenne. Classez ensuite les sociétés selon cette note globale. Effectuez un second classement avec une note d'importance (voir plus loin) et comparez les classements.

Note d'importance

Aptitude de la société à conduire ce projet		
Nombre de projets **équivalents**	Note	Observations
au moins 10	5	
de 7 à 9	4	
de 4 à 6	3	
3	2	
1	1	
aucun	0	

(Les renseignements se trouvent dans la grille de dépouillement).

Cette note a pour coefficient **3**.

Aptitude de la société à conduire ce projet		
La société fait-elle appel à la sous-traitance ?	Note	Observations
Jamais	5	
Pour des produits spécifiques	3	
Systématiquement	1	

Cette note a pour coefficient 2.

Aptitude de la société à conduire ce projet		
La société est-elle connue	Note	Observations
Parfaitement (plusieurs projets réalisés)	5	
Moyennement (projets dans d'autres directions)	3	
Peu connue (pas de projets majeurs)	1	
Inconnue (aucun projets)	0	

Cette note a pour coefficient 2.

Note sur les consultants

Pour chaque consultant (ou intervenant)		
Formation + expérience	Note	Observations
Excellente formation, solide expérience dans le domaine	5	
Excellente formation, expérience moyenne dans le domaine	4	
Bonne formation, grande expérience de l'informatique	3	
Bonne formation, expérience informatique autres domaines	2	

205

Diriger un projet

Pour chaque consultant (ou intervenant)		
Formation + expérience (suite)	Note	Observations
Excellente formation mais peu d'expérience	1	
Formation et expérience moyenne à faible	0	

Cette note a pour coefficient 3.

Pour chaque consultant (ou intervenant)		
Participation directe dans le domaine du projet proposé	Note	Observations
4 à 5 participations	5	
2 à 3 participations	3	
1 participation	1	
Aucune participation	0	

Cette note a pour coefficient 1.

Pour chaque consultant (ou intervenant)		
Tous les consultants proposés appartiennent à la SSII ?	Note	Observations
Oui, tous	5	
L'un des consultant est externe	3	
deux consultant sont externes	1	
Plus de 2 consultant externes	0	

Cette note a pour coefficient 1.

Pour chaque consultant (ou intervenant)		
Habilitation	Note	Observations
Oui, tous	5	
75 % sont habilités	3	
50 % sont habilités	2	

Pour chaque consultant (ou intervenant)		
Habilitation (suite)	Note	Observations
Un seul est habilité	1	
Aucun	0	

Cette note a pour coefficient **1**.

Note sur l'évaluation technique

Évaluation technique globale (matériels)		
Proposition sur le matériel	Note	Observations
Conforme	5	
Pas tout à fait conforme, mais intéressant	4	
Autre configuration, mais intéressante	3	
Autre configuration, peu intéressante	2	
Configuration inadaptée ou sous dimensionnée	1	
Non conforme, sans intérêt	0	

Cette note a pour coefficient **3**.

Évaluation technique (système, SGBDR, etc.)		
Proposition sur le logiciel système	Note	Observations
Conforme	5	
Pas tout à fait conforme, mais intéressant	4	
Autre configuration, intéressante	3	
Autre configuration, peu intéressante	2	
Graves lacunes, oublis	1	
A priori complètement inadapté	0	

Diriger un projet

Cette note a pour coefficient 2.

Évaluation technique globale (réseaux)		
Proposition sur les réseaux	Note	Observations
problèmes de communication bien traités	5	
problèmes de communication moyennement traités	3	
problèmes de communication insuffisamment traités	1	
problèmes de communication pas traités	0	

Cette note a pour coefficient 1.

Évaluation technique globale (sécurité)		
Proposition sur la sécurité	Note	Observations
bien traitée	5	
moyennement traitée	3	
insuffisamment traitée	1	
pas traitée	0	

Cette note a pour coefficient 1.

Évaluation technique globale (cohérence)		
Cohérence et intégration	Note	Observations
Très bonne	5	
moyenne	3	
insuffisante	1	
mauvaise	0	

Cette note a pour coefficient 1.

Note sur les méthodes et outils

Évaluation technique (méthodes)		
Utilisation de Merise	Note	Observations
Méthode Merise employée et bien maîtrisée	5	
Méthode Merise connues, mais non employée. Autre proposition	3	
Méthode Merise connues, mais non utilisées	1	
Méthode Merise non connue, ni utilisée. Pas d'autre proposition	0	

Cette note a pour coefficient 1.

Évaluation technique (consultant/méthode)		
Rôle des consultants et calendrier	Note	Observations
Rôle bien défini, calendrier précis	5	
Rôle bien défini, mais calendrier imprécis	3	
Rôle mal défini, calendrier précis	1	
Rôle mal défini, et calendrier imprécis	0	

Cette note a pour coefficient 1.

Évaluation technique globale (rigueur)		
Estimation charges/coûts	Note	Observations
Coûts très bien définis	5	
Coûts moyennement définis	3	
Coûts mal définis	0	

Cette note a pour coefficient 1.

La synthèse des offres pourrait se présenter comme suit :

1. Introduction (présentation, contexte, intervenants)
   1.1. Ordre d'examen des offres
       - société aaa, société bbb, etc.
2. Niveaux de notation appliqués aux offres
   2.1. Premier niveau (classement en trois groupes)
       2.1.1. Critères fondamentaux
           • Couverture fonctionnelle
           • Niveau de service attendu
           • Architecture (logicielle, matérielle)
           • Compétences de l'équipe proposée
           • Charges
       2.1.1. Critères secondaires
           • Règles et contraintes (prise en compte)
           • Logiciels, Progiciels, SGBDR et outils
           • Application de la méthodologie SDM/S
           • Application de la méthode Merise
           • Gestion du projet
           • Équipe de réalisation proposée
           • Démarche qualité
       2.1.1. Autres Critères
           • Plan de l'offre
           • Présentation, qualité rédactionnelle
   2.2. Second niveau (notation sur 5)
       5 Excellent
       4 Bon
       3 Correct
       2 Insuffisant
       1 Mauvais

LE RAPPORT DE PRÉSENTATION

Ce chapitre concerne l'élaboration du rapport de présentation concernant le marché correspondant à l'appel d'offres. En France, ce rapport est transmis à la Commission Spécialisée des Marchés (plus exactement à la Commission Spécialisée des Marchés Informatiques : CSMI) qui a pour mission de contrôler la régularité des procédures appliquées depuis la publication de l'appel d'offres jusqu'au choix de la société. Lorsque le *comité de dépouillement* des offres a fini d'étudier les diverses propositions, sélectionné une liste restreinte de sociétés et entendu celles ci venues répondre aux questions spécifiques, le nom de la société retenue (future titulaire du marché) est arrêté et consigné dans un procès-verbal.

Ce procès-verbal est officiellement signé de tous les membres du comité de dépouillement. Une réunion du *comité de pilotage* du projet ainsi qu'une réunion du *comité directeur* sont immédiatement planifiées pour valider le choix final dans un compte-rendu signé par toutes les personnes présentes ou représentées.

Contenu

Le *rapport de présentation*[1] doit répondre aux interrogations suivantes :

1 Nature et étendue des besoins à satisfaire : montant de l'opération.

   1.1 Définition des besoins (description et quantités). Comment sont-ils échelonnés dans le temps ?

   1.2 La satisfaction de ces besoins s'insère-t-elle dans un programme ou une opération, ou est-elle réalisée par le seul marché présent ?

   1.3 En cas de programme ou d'opération, estimation du montant global (ordre de grandeur) prévu de l'opération.

2 Économie générale, déroulement prévu et montant du marché.

   2.1 Place du marché dans le programme ou l'opération, rappel des marchés antérieurs.

---

[1] Même si vous n'appartenez pas à une administration ou à un organisme gouvernemental et même si cette procédure ne s'applique pas dans votre pays, le *rapport de présentation* proposé ici ne peut que vous éviter bien des problèmes par la suite. Il constitue, en effet, une base juridique solide et inattaquable. Le planosé ici ne concerne que les appels d'offres *ouverts* ou *restreints*.

2.2 Objet du marché.

2.3 Allotissement du marché. Le marché est-il à quantités définies ou s'exécute-t-il par bons de commande ? Y a-t-il découpage en tranches ? Justifiez le recours aux commandes ou au tranches ainsi que les modalités retenues.

2.4 Durée d'exécution du marché ou durée de validité (pour les marchés à redevances périodiques, à bons de commande).

2.5 Montant du marché, détail par lot ou par tranche.

2.6 Prix. Explicitez le choix de la forme du prix de règlement (ferme, ferme actualisable, ajustable, révisable).

2.7 Titulaire. Pour un futur titulaire peu connu du service, donnez quelques informations le concernant.

2.8 Possibilités de mise en concurrence pour de futurs marchés. Précautions techniques et juridiques, notamment en matière de propriété intellectuelle, pour maintenir et développer la concurrence.

2.9 Maintenance. Si le marché comporte des fournitures devant faire l'objet de maintenance, celle-ci est-elle assurée par le titulaire, par une autre entreprise ou par le service lui-même ? Comment le coût de la maintenance a-t-il été pris en compte dans le bilan financier ?

3 Mode de passation.

3.1 Indiquez le mode de passation du marché (marché sur appel d'offres ouvert ou restreint, marché négocié après mise en compétition, marché de maîtrise d'œuvre, marché négocié sans mise en compétition) et remplissez la rubrique correspondante ci-après. Si le marché est passé par adjudication, le préciser ici et remplissez, avec les adaptations nécessaires, la rubrique des marchés sur appel d'offres.

3.2 Motivez le mode de passation retenu : marché sur appel d'offres ouvert ou restreint, marché négocié après mise en compétition, marché négocié sans mise en compétition.

3.3 Marché sur appel d'offres :

3.3.1 Indiquez les publications destinataires de l'avis d'appel d'offres ou de l'avis d'appel à candidatures.

3.3.2 Motivez, le cas échéant, le recours au délai d'urgence entre la date d'envoi à la publication et la date limite de réception des candidatures ou des offres.

3.3.3 Justifiez, le cas échéant, l'introduction de critères de sélection des candidatures (appel d'offres restreint).

3.3.4 Indiquez si le règlement de la consultation prévoit des variantes et, dans l'affirmative, précisez en quoi elles peuvent différer de l'offre de base.

3.3.5 Motivez le choix des candidats retenus (appel d'offres restreint) et joindre le procès-verbal d'ouverture des offres.

3.3.6 Donnez les résultats de l'ouverture des offres, au besoin par un tableau joint en annexe, et joignez le procès-verbal d'ouverture des offres.

3.3.7 Motivez le choix de l'offre retenue : indiquez et précisez s'il y a eu compétition entre les offres tenues pour équivalentes, s'il y a eu mise au point de l'offre retenue. En cas de mise au point, précisez la nature des modifications apportées ainsi que leur incidence financière.

3.3.8 Si l'appel d'offres fait suite à un appel d'offres déclaré infructueux, donnez les raisons qui ont entraîné cette déclaration.

Pièces annexes

- Liste récapitulative des pièces du dossier complet.
- Rapport de présentation tel que décrit ci-dessus.
- Documents constitutifs de l'appel d'offres :
  - avis d'appel d'offres ouvert ou d'appel à candidatures (appel d'offres restreint), références ;
  - règlement particulier de l'appel d'offres (RPAO) ;
  - acte d'engagement (modèle) ;
  - cahier des clauses techniques particulières (CCTP) ;
  - cahier des clauses administratives particulières ;

215

- Procès-verbal d'ouverture des offres de candidatures.
- Liste des candidats par ordre d'arrivée.
- Lettres des sociétés proposant leur candidature et fiches de renseignements sur ces sociétés.
- Liste des candidats retenus. (P.V. de sélection).
- Justification du choix des candidats retenus.
- Liste des sociétés consultées, auxquelles on a envoyé un cahier des charges.
- Réponses reçues, positives ou négatives (désistements).
- Procès-verbal d'ouverture des offres (heure d'arrivée).
- Convocation des services de la concurrence et des prix.
- Rapport d'examen des offres (comité dépouillement).
- Procès-verbal du comité de sélection définissant la liste restreinte, classée en ordre décroissant.
- (Déclaration d'appel d'offres infructueux s'il y a lieu).
- (Procès-verbaux de réception et d'examen des échantillons, s'il y a lieu).
- Compte-rendu des entretiens avec les sociétés retenues en liste restreinte (réponses aux questions, présentation de l'encadrement prévu pour le projet).
- Procès-verbal du comité de dépouillement déclarant le futur titulaire du marché.
- Compte-rendus de réunion du comité directeur et du comité de pilotage confirmant ce choix.
- Acte d'engagement daté et signé du futur titulaire.
- Tableaux des prix (ou proposition commerciale).
- Correspondances éventuellement échangées.

Le chapitre suivant traite du Plan d'Assurance Qualité qui devrait être mis en œuvre dès le début d'un projet.

LE PLAN
D'ASSURANCE
QUALITÉ

J'ai élaboré ce Plan d'Assurance Qualité pour le Secrétaire Général pour l'Administration du Ministère de la Défense dans le cadre des mes attributions de responsable de la sécurité des systèmes d'information en 1992.

Définition de la qualité

Il s'agit du thème sur lequel se fonde la *satisfaction* de l'utilisateur et de la *fiabilité* finale du système d'information prévus. La démarche «qualité» doit être *continue* tout au long du *cycle de vie* du logiciel et non pas concentrée au moment des tests.

On distingue des facteurs :

- de niveau «conceptuel», associés à l'adéquation de l'application à ce pour quoi elle est conçue : pertinence, conformité, généralité ;

- associés à la présence et au respect des méthodes, standards, normes, procédures, plans, documentation et style de programmation ;

- associés aux caractéristiques techniques de l'application développée : maintenabilité, évolutivité, portabilité, couplabilité ;

- associés aux modalités d'emploi de l'application : commodité, fiabilité, performance, sécurité ;

- d'ordre économique : économie, efficacité, rapidité d'obtention.

Contenu du P.A.Q.

Le *Plan d'Assurance Qualité* comprend :

- un *Plan des phases* consistant à définir l'effort de développement en terme de tranches de temps appelées «phases» ou «étapes» ;

- un *Plan d'organisation* consistant à définir les structures et à définir les responsabilités des ressources impliquées ;

- un *Plan de test* consistant à définir les outils, les procédures et les responsabilités de test ;

- un *Plan de contrôle des modifications* consistant à définir les procédures destinées à prendre en compte, accepter et suivre les demandes de modifications ;

- un *Plan de documentation* consistant à définir les procédures nécessaires à la production de la documentation;

- un *Plan de formation* consistant à définir les responsabilités en matière de formation ;

- un *Plan d'installation et d'exploitation* consistant à définir les responsabilités de l'utilisateur final (le client) en matière d'installation et d'exploitation du système d'informations ;

- un *Plan des moyens et fournitures* consistant à effectuer une synthèse des estimations ainsi qu'un planning de livraison des différents éléments de la fourniture.

- un *Plan des rapports* consistant à définir la procédure consistant à générer des rapports, révisions et comptes-rendus.

Chacun de ces plans va être détaillé et expliqué dans les pages suivantes.

Le Plan des phases

Le *Plan des phases* consiste à définir l'effort de développement en terme de «phases» :

Phase de définition

Cette phase consiste à trouver des développeurs et les ressources nécessaires, comprendre les besoins du client et trouver des idées d'architecture de système d'information. Il faudra donc faire :

- l'analyse du problème
- la planification détaillée du projet
- la définition des procédures et critères de recette

Phase de conception

Cette phase consiste à préparer les tests d'intégration, mettre en place des procédures de modification, construire des modèles de simulation, mettre en place les outils et les ressources humaines, préparer la formation des programmeurs, publier un manuel des grandes lignes de programmation, préparer les tests de système initiaux, préparer les tests de recette, préparer les tests sur site et mettre en place une bibliothèque de projet. Pour cela, il faut créer :

- une base pour les programmes opérationnels ;
- une base pour les utilitaires de programmation.

Phase de programmation

Cette phase consiste à préparer les *tests détaillés* du système, les tests détaillés de recette, les tests détaillés sur site
et la formation des utilisateurs. Il faut donc élaborer :

- une conception détaillée ;
- le codage ;
- les modules de test ;
- les tests d'intégration ;
- la documentation des programmes.

Phase de test du système

Cette phase consiste à finir de préparer les *tests de recette*,
achever la *formation* des utilisateurs, corriger la documentation des *programmes*, finir la documentation des *utilisateurs* et réaffecter les ressources humaines du projet. Il
faut :

- tester la *conformité* au cahier des spécifications ;
- effectuer des tests le plus proche possible de la «situation réelle» ;
- faire tester les applications par des utilisateurs *non informaticiens*.

les documents sont :

- le plan de tests ;
- la bibliothèque des tests ;
- les jeux d'essai ;

- les outils de tests ;
- les tests unitaires à faire effectuer par le développeur :
  - toutes les branches du logiciel ;
  - la combinaison de paramètres différents ;
  - les données normales et les données limites ;
  - les valeurs anormales.
- les tests de modules à faire effectuer par le responsable d'équipe de développement (chef-programmeur) ;
- les tests de chaîne de traitement à faire effectuer par l'analyste responsable de la chaîne ;
- les tests d'intégration à faire effectuer par le chef de projet.

Phase de recette

Cette phase consiste à achever la *formation* des utilisateurs et à terminer la *documentation* définitive par :

- l'exécution des *tests de recette* définitive ;
- la *signature* de cette recette par l'utilisateur final.

Les critère d'appréciations sont :

- l'appréciation des tests de recette ;
- une liste des critères vérifiables permettant l'acceptation ou le refus motivé de l'application.

D'autres contraintes doivent être prises en compte :

- l'auditabilité ;
- l'efficacité et les performances du système ;

222

- l'évolutivité des programmes ;
- la confidentialité ;
- la conformité ;
- la facilité d'apprentissage ;
- la fiabilité des logiciels et des traitements ;
- la portabilité éventuelle d'un matériel à l'autre ;
- la sécurité des accès ;
- la maintenabilité.

Phase d'installation et d'exploitation

Cette phase consiste à effectuer les *derniers tests sur site*, préparer la *maintenance* et *l'évolution*, effectuer les *paramétrages* éventuels, mettre en *production* et *évaluer* le projet par un audit. Il s'agit donc d'une phase :

- d'assistance à l'installation ;
- d'assistance à l'exploitation.

Le Plan d'organisation

Le *Plan d'organisation* consiste à définir *l'organisation* et les *responsabilités* de chacun : définition claire des postes, minimisation des interactions parasites, diagramme des *flux de travail* et des *flux d'informations*.

Structure et responsabilités

Groupe d'Analyse et groupe de conception

Contrôle des données
Contrôle des modifications de programme
Écriture de la documentation des utilisateurs
Écriture des spécifications du problème
Inspection du codage de programmation
Simulation, modélisation, prototypage

Groupe de programmation

Conception détaillée des programmes
Codage des programmes
Documentation descriptive des programmes
Élaboration des tests unitaires
Procéder aux tests d'intégration

Groupe de test

Choix des outils de test et mise en place
Création d'une librairie des tests

Création des spécifications des tests sur site et de recette
Écriture des spécification de test du système
Planification des tests
Mise en œuvre de l'exécution des tests
Validation des étapes de test
Analyse des résultats des tests
Rédaction de la documentation sur les résultats des tests

Groupe fonctionnel

Contrôle de la documentation technique
Gestion des manuels de programmation/développement
Gestion du temps machine sur gros systèmes
Identification des liaisons techniques
Maintenance de l'historique du projet
Planification et installation des terminaux

Organisation par phase

Phase de définition
Phase de Conception du système
Phase de programmation (développement)
Phase de test du système
Phase de recette
Phase d'installation/Exploitation

225

Le Plan de tests

Le *Plan de tests* consiste à définir les *outils*, les *procédures* et les *responsabilités* des tests.

Fonctions communes

Bibliothèque de tests
Accès à l'ordinateur
Accès aux terminaux de développement
Documentation sur les langages particuliers
Documentation sur le système d'exploitation
Tests unitaires

Critères souhaitables
Critères d'accomplissement
Objectifs des tests unitaires
Responsabilités de ces tests
Outils employés
Procédures préconisées

Tests d'intégration

Critères souhaitables
Critères d'accomplissement
Objectifs des tests d'intégration
Responsabilités de ces tests
Outils employés
Procédures préconisées

226

Tests du système

Critères souhaitables
Critères d'accomplissement
Objectifs des tests système
Responsabilités de ces tests
Outils employés
Procédures préconisées

Tests de recette

Critères souhaitables
Critères d'accomplissement
Objectifs des tests de recette
Responsabilités de ces tests
Outils employés
Procédures préconisées

Tests sur site

Critères souhaitables
Critères d'accomplissement
Objectifs des tests sur site
Responsabilités de ces tests
Outils employés
Procédures préconisées

Aide aux tests

Description des outils de tests

227

Le Plan des modifications

Le *Plan de contrôle des modifications* consiste à prendre en compte, accepter et suivre les *demandes de modifications* (types de changements demandés, autorité d'acceptation, procédures d'implémentation, etc.).

Documents contractuels d'origine

Spécifications fonctionnelles externes
Spécifications organiques internes

Propositions de modification

Origine de la demande de modification (Qui ?)
Document type de demande de modification

Étude d'impact de la modification

Qui, Quoi ? Ou ? Quand ? Comment ?
Rapport de l'étude d'impact

Description de la modification
Nom et service d'origine du demandeur
Classification de la modification (intérêt, urgence...)
Impacts sur les coûts, les délais, les autres programmes
Recommandations

228

Types de modification

Modification «à impacts» : coûts, délais, documentation...
Modification «sans impacts»

Commission des modifications

Membres désignés et représentants
Fréquence des réunions
Mode de fonctionnement

Type de recommandation émises

Acceptation de la modification demandée
Rejet de la modification domandée (motifs)

Implémentation de la modification

Estimation du coût de cette modification
Approbation par le Chef de Projet et par le client
Documentation de cette modification
Tests de la modification

Le Plan de documentation

Le *Plan de documentation* consiste à définir les *procédures nécessaires* à la *production* de la documentation (liste descriptive des divers documents du projet).

Procédure de publication

Préparation du document
Approbation du plan de ce document
Frappe (saisie) du document
Relecture du document, correction
Mise en page, présentation, ajout de schémas, graphiques
Publication assistée par ordinateur
Reproduction du document
Diffusion du document (selon le niveau de confidentialité)

Au sein du projet
À l'utilisateur (client)
Aux sous-traitants impliqués
À la direction

Types de documents de projet

Liste des différents types de documents
Formats utilisés, modèles, outils employés, etc.
Numérotation, classification employés

Le Plan de formation

Le *Plan de formation* consiste à définir les *responsabilités* du projet en matière de *formation interne* (développeurs) ou externe (utilisateurs, clients...).

Formation des développeurs

Explication générale du projet

Formation technique spécialisée

Architecture du système cible
Interface avec d'autres applications
Langages de programmation
Moniteurs de télétraitement
Systèmes d'exploitation
Systèmes de Gestion de Bases de Données (relationnelles)
Systèmes de réseaux
Utilisation des outils de développement, de test
Utilisation des terminaux
Utilitaires et emploi de ces utilitaires

Formation non technique

Techniques de gestion d'encadrement
Procédures de prise en compte des modifications
Procédures de création de documentation

231

Diriger un projet

Procédures administratives
Normes et standards appliqués dans le projet

Formation des utilisateurs

Formation à *l'installation* du système
Formation à *l'utilisation* du système
Formation au *paramétrage* du système
Formation à la *procédure de modification* du système

Ressources

Pour chacune des formations dispensées :

Faire un planning de formation
Définir les besoins en formateurs
Définir les matériels de formation
Définir l'environnement de formation (salles, etc.)
Définir le nombre de personnes à former
Créer des programmes et fichiers de formation spécifiques

Le Plan d'installation

Le *Plan d'installation et d'exploitation* consiste à définir les responsabilités *de l'utilisateur final* en matière *d'installation et d'exploitation* du système d'information :

Installation

Responsabilités
Planning d'installation
Conversion, transfert

Méthode employée (conversion parallèle, substitution...)
Critères d'achèvement
Décisionnaire de basculement
Positions de repli (Backup), solutions de secours

Introduction des données

Origine des données
Saisie des données (mode, périodicité...)
Validation des données

Environnement multisites

Installation sur les sites
Coordination entre les sites

Exploitation

Responsabilités d'exploitation
Responsabilités concernant la maintenance et le paramétrage

Procédure de modification et sites concernés
Financement des modifications
Garanties de bon fonctionnement

Durée des responsabilités

Le Plan des moyens

Le *Plan des moyens et des fournitures* consiste à effectuer une synthèse des *estimations* ainsi qu'un *planning* de livraison des différents éléments de la fourniture :

Charges en ressources humaines

Ventilation par unité de temps (semaine, mois, trimestre...)
Ventilation par catégorie de personnel

Direction
Catégories A (Ingénieurs, Analystes, Gestionnaires...)
Catégories B (Chef Programmeurs, Programmeurs...)
Catégories C (Opérateurs, Agents de saisie...)
Experts externes, spécialistes, consultants

Ressources machine

Ventilation par catégories de ressources

Ordinateur central
Terminaux et micro-ordinateurs
Réseaux
Logiciels, progiciels, systèmes d'exploitation
Fournitures diverses (disques, bandes...)

Diriger un projet

Ventilation par sous-projets (ou par versions)
Ventilation par utilisation

Développement
Tests, essais, validations, contrôles
Travaux administratifs
Installation, exploitation

Autres ressources

Coûts de la documentation et des publications

Rapports, synthèses, comptes-rendus
Spécifications internes et externes
Manuels utilisateurs
Documents de tests et de dépannage (maintenance)

Frais de déplacement, de stage et de mission
Équipements et fournitures diverses (disquettes, etc.)
Achats et locations diverses

Planning de livraison des éléments

Tableau des jalons

Budget affecté

Le Plan des rapports

Le *Plan des rapports* consiste à définir la procédure permettant de *générer des rapports*, *révisions* et *comptes-rendus*.

Rapports internes

Rapports des spécifications fonctionnelles externes
Rapport de conception initiale
Rapport de conception à jour
Rapport de fin de développement
Rapport de fin des tests du système

Rapports externes

Rapport de conception initiale
Rapport de conception en cours
Rapport de recette provisoire (réserves)
Rapport de recette définitive

Autres rapports et comptes-rendus

Rapport d'activité hebdomadaire
Rapport technique d'avancement mensuel
Rapport de fin de phase
Rapport mensuel du Chef de Projet

237

Diriger un projet

Avancement technique du projet
Étapes réalisées
Jalons manqués, actions de correction
Problèmes rencontrés
Rapport financier (état du budget, dépenses...)

Rapport de direction et rapport «officiel» au client

Le chapitre suivant fait partie des «secrets des consultants» annoncés sur la couverture. Il s'agit de l'une des techniques d'approche les plus sophistiquées, permettant d'influencer le client potentiel, de manière à ce qu'il passe un contrat d'assistance avec la SSII employant cette technique.

TECHNIQUE D'APPROCHE

(Source : *L'intelligence Stratégique*, par B. Nadoulek)

Ce chapitre[1] s'adresse aussi bien aux SSII qui souhaitent améliorer leur technique d'approche du client potentiel qu'au client qui découvrira ainsi comment il est possible de le berner. D'un côté comme de l'autre, il ne leur reste plus qu'à prier pour que «l'adversaire» n'ait pas lu ce livre !

Les acteurs

Il s'agit d'une attaque psychologique à deux participants du côté de la SSII. Le premier est un directeur de secteur d'affaires (directeur d'affaires ou directeur commercial) dont l'apparence doit être celle d'une personne ayant dépassé la cinquantaine, habillé d'un costume classique, plutôt sombre, suggérant une élégance naturelle.

[1] Source : *L'intelligence Stratégique* (étude 100 du C.P.E.), par Bernard Nadoulek, professeur au Centre de Recherches Chefs d'Entreprises à Jouy en Josas 78350

239

(Traduction : avec juste le «froissé» nécessaire). Des *cheveux blancs* seraient un avantage. Il faut aussi que son regard implique une *expérience* largement confirmée et par conséquent une *très forte compétence*. Cette personne doit rester extrêmement réservée et garder un silence «calculateur». Elle évitera de fumer en présence du client.

La seconde personne (nommée ci-après «l'adjoint») est une personne d'environ trente ans, ingénieur confirmé très «classe» ayant manifestement l'allure bon chic bon genre des grandes écoles, costume plus moderne, cravate et chemise choisies avec goût. Cette personne devra posséder le dossier du client sur le bout des doigts et être extrêmement «pointu» en matière de techniques. Elle doit absolument se positionner comme un expert du domaine en posant des questions très précises et pertinentes (j'ajouterais : là où ça fait mal, c'est-à-dire sur les points qui semblent les plus faibles). Elle évitera aussi de fumer.

Les rôles

Les rendez-vous préliminaires et les tout premiers contacts seront pris par un commercial pour présenter uniquement la SSII au cours d'un repas dans un cadre (plus ou moins) prestigieux, environnement dans lequel le client n'est plus sur **son** terrain, ce qui a pour but d'éviter les innombrables interruptions dues aux appels téléphoniques, aux multiples interventions des secrétaires ou autres subordonnés qui passent leurs têtes par la porte.

Une présentation qui ne demande que dix minutes d'attention sera délayée en une heure et demie, voir plus. Autant dire qu'il n'en restera pas de grands souvenirs.

En effet, beaucoup de responsables ne savent pas imposer un isolement provisoire qui consiste à demander simplement à leurs secrétaires de filtrer et noter tous les appels et à établir un solide barrage contre tous les individus susceptibles de le déranger dans la demi-heure ou l'heure qui suit.

Donc, après les rendez-vous préliminaires, on en arrive au jour de la réunion qui fait l'objet de ce chapitre : le rendez-vous pendant lequel va être rapidement analysé le cahier des charges du projet. Les deux personnes décrites plus haut se trouvent donc devant le décideur potentiel, lequel n'est pas forcément la plus haute autorité de la hiérarchie (qui elle, se contentera de contresigner le dossier présenté par le vrai décideur au vu de ses arguments).

La tactique

Le client expose donc son projet et le directeur d'affaires de la SSII écoute avec attention et sans intervenir pendant que son collègue «jeune cadre dynamique», pousse le client à développer une description détaillée du système d'information et plus particulièrement, les aspects techniques, les fonctionnalités attendues, les performances souhaitées, l'ergonomie, etc.

Diriger un projet

Toute la manœuvre de «l'adjoint» consiste à amener insensiblement et progressivement le client, par petites touches successives et avec infiniment de doigté, à lui faire prendre conscience des insuffisances du dossier et en particulier de certains aspects très techniques dont la réponse peut être trouvée dans certains produits venant juste d'être annoncés ou mis en marché. Bref, il s'agit de faire réaliser au client qu'il y a certaines lacunes plus ou moins graves dans le dossier et que, d'autre part, que celui-ci ne peut pas tout connaître en matière de nouvelles technologies.

Cette manœuvre n'est pas difficile, compte-tenu de la vitesse à laquelle se succèdent les nouvelles versions des logiciels et des systèmes ainsi que la vitesse à laquelle évoluent les technologies. Même si le client effectuait une veille technologique correcte, il n'a certainement pas pu tout voir en détail ni maîtriser toutes les spécificités.

Après avoir suffisamment épuisé le sujet en tirant toute l'information possible connue du client et lui avoir donné l'impression d'avoir été écouté et compris, «l'adjoint» se tourne alors vers «l'ancien» (le directeur d'affaires de la SSII) et le regarde de telle manière qu'il ait l'air de solliciter son avis sur la question (ou son «verdict»). Le directeur d'affaires se doit de réfléchir quelques secondes, assez pour *«qu'un ange passe»* et qu'on entende *«des mouches voler»*, puis il sort très calmement une *phrase-qui-tue* telle que : (voir page suivante).

242

L'armement du piège

«Monsieur (le directeur, etc.), après vous avoir entendu, nous pensons que nous ne pouvons pas vous faire de proposition en l'état actuel de votre cahier des charges. Vos besoins sont insuffisamment définis, les charges semblent mal évaluées et les aspects techniques ne sont pas assez développés. Votre cahier des charges doit être complété, etc.» ... la «douche» ! Les remarques sont nettes, parfaitement justifiées et sans appel, ce qui nécessite «vraiment» une longue expérience de la part du directeur d'affaires. Suit un silence «épais».

On en est au moment crucial ou va se refermer le «piège à client». Il est évident que pour que ceci fonctionne, les deux «artistes» doivent être suffisamment compétents pour savoir comment restructurer le cahier des charges de manière à faire une proposition plus adaptée et plus performante que le système initialement prévu.

L'intervention de «l'ancien» doit être très précisément ajustée à la personnalité du client qu'il aura en face de lui, d'où l'aspect rigoureux, sérieux, professionnel, expérimenté du directeur d'affaires (caractère *flegmatique*).

Il va sans dire que la même remarque, certes, plus nuancée que l'exemple que je donne ci-dessus, faite par «l'adjoint» ne sera absolument pas tolérée par le client, même si «l'adjoint» a été très brillant (caractère *sanguin*).

243

La fermeture du piège

Le client a donc été coincé entre deux personnages jouant chacun un rôle complémentaire qui a pour but de lui poser le dilemme suivant : avec la compétence déployée par ces deux *spécialistes* et l'évaluation plus ou moins négative qu'ils ont fait de ce projet, acceptera t'il de se placer en position de demandeur ? (traduction : le client va t'il demander à la SSII de revoir le cahier des charges qu'il a élaboré ?). Les réactions du client à cette habile manipulation seront différentes selon son caractère, mais le résultat devrait être assez prévisible malgré l'extrême doigté dont doivent faire preuve les deux consultants.

Libération du piège

Quelque soit le *type caractériel* du client, cette manipulation bien menée devrait porter ses fruits. La libération du piège consistera ensuite à laisser «l'adjoint» s'occuper seul du nouveau cahier des charges avec le client.

La présence du directeur d'affaires ne sert qu'à crédibiliser la manipulation et pour que le client «ne perde pas la face» qu'il peut s'imaginer avoir perdue, «l'adjoint» manœuvrera de manière à présenter ses suggestions comme des conclusions normales au propos du client ou à lui laisser se les approprier après les avoir complétées.

244

Le *colérique* peut avoir deux réactions : il se laisse emporter, se vexe et flanque les deux consultants dehors, ce qui ne devrait pas arriver. Cependant, s'il a accepté qu'une faible partie des critiques sur son cahier des charges, inconsciemment, il ne peut accepter d'être «battu» et a donc besoin soit d'une revanche, soit de justifications. «L'adjoint» reprendra donc seul contact avec lui en s'excusant pour le caractère «spécial» de son directeur d'affaires et pourra sans doute reprendre la négociation quitte à «enfoncer» un peu son patron pour offrir une «revanche» au client.

Si le *colérique* se maîtrise, il se posera quand même la question : *«pourquoi ces consultants agissent ainsi ?»* et il tombera sans doute dans la catégorie suivante.

Le *nerveux* va tenter de répondre à la question ci-dessus en se demandant si les consultants n'ont pas détecté au moins une parcelle de vérité (personne n'est parfait). *«Si je me plante, ma carrière, ou en tout cas, ma crédibilité est fichue»*. Même si le client se trouve à un niveau hiérarchique élevé et que sa personnalité est très forte, le choc provoqué par la remise en cause de son cahier des charges peut très bien être digéré en quelques minutes, mais il sera quand même un peu ébranlé dans son ego et il demandera sans doute un temps de réflexion (risque de consultation d'une autre SSII). En général, il pensera sans doute à se couvrir d'un tel risque en demandant finalement l'étude d'un nouveau cahier des charges.

Diriger un projet

Le *passionné* est impressionné par la manipulation dont il saisit plus ou moins les ficelles, mais il se dit également que «*si les consultants sont moitié moins compétents que ce qu'ils veulent le laisser paraître, ce sont exactement les gens qu'il me faut pour réaliser un projet encore plus performant*».

Sans aller plus loin, disons que cette technique donne d'assez bons résultats, bien qu'elle soit délicate à maîtriser.

LES MARCHÉS PUBLICS

Notion de marché public

Article 1 du Code des marchés publics (Français) :

«Les marchés publics sont des contrats passés, dans les conditions prévues au présent code, par des collectivités publiques en vue de la réalisation des travaux, fournitures et services».

Article 39 du Code des marchés publics :

«Les marchés ... sont des contrats écrits dont les cahiers des charges ... sont des éléments constitutifs. Ils sont passés après mise en concurrence ... . Ils doivent être notifiés avant tout commencement d'exécution».

247

Réglementation

En France, il existe un nombre impressionnant de textes concernant les marchés publics : arrêtés, circulaires, constitution, décrets, guides et directives, instructions, jurisprudence, lois, notes, spécifications techniques, traités, etc. Rien d'étonnant à ce que l'on puisse être insuffisamment informé à ce propos !

Des instructions ministérielles et des notes d'application se réfèrent à un *Code des marchés publics*. Compte tenu de son volume, il me paraît difficile de reproduire *in extenso* ce *Code des marchés publics* dans ces pages[1].

Chaque administration est tenue d'appliquer la réglementation qui la concerne en matière de marchés publics. Pour le Ministère de la défense, la dernière note en date est la note n° 2530/ DEF/CGA/G/RM relative aux marchés passés par les services relevant de ce ministère et publiée dans le Bulletin Officiel n° 27 du 5 juillet 1993. Cette note est complétée par un texte de 50 pages : l'instruction n° 2532/DEF/CGA/G/RM relative aux marchés passés par les services relevant du ministère de la défense et datée du 18 mai 1993, parue dans le même Bulletin Officiel n° 27 du 5 juillet 1993, ce qui est relativement récent[2].

---

[1] D'autant plus que ce Code des marchés publics est en cours de refonte et devrait être publié fin 1993 ou début 1994.

[2] Une circulaire du 5 août 93 parue dans le J.O. n° 12243 du 31/08/93 précise les conditions relatives aux marchés fractionnés (ex. marchés à commande).

248

Cette instruction complète la réglementation interministérielle en matière de marchés et notamment le Code des marchés publics (CMP) et l'instruction du 29 décembre 1972 parue dans le B.O. du 26 janvier 1973.

L'arrêté du 27 juillet 1988 publié au Journal Officiel n° 10041 du 5 août 88 fixe le modèle de rapport de présentation[1] pour les marchés de l'État et de ses établissements publics autres que ceux à caractère industriel et commercial. Il précise également les pièces nécessaires à la constitution du dossier d'avenant.

Vous pouvez le constater, l'Administration (avec un grand «A») a pris ses précautions en matière de marchés. Si vous êtes amenés à traiter avec elle, il vaut mieux en connaître parfaitement les rouages !

---

[1] Article 203 du code des marchés publics.

ANNEXES

Présentation des méthodes

Parmi les principales caractéristiques fondamentales des méthodes d'analyse conceptuelles présentes sur le marché, on peut citer notamment :

* Une base théorique centrée sur un système organisationnel informatisé ;
* Une stratégie d'intervention respectant le cycle de vie des systèmes à savoir :

    - intelligence
    - conception
    - réalisation
    - implantation
    - maintenance

et visant à la réduction de la complexité en distinguant les plans structurels et fonctionnels de l'organisation, les niveaux conceptuels, logiques et physiques des systèmes.

* Enfin, une représentation intégrant divers graphismes accompagnés de la documentation correspondante sur les diverses étapes du processus de construction d'un système organisationnel informatisé.

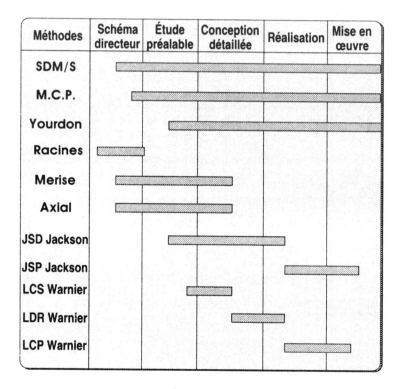

Recouvrement des principales méthodes.

À titre d'information, voici quelques méthodes de suivi de projets plus ou moins connues. Certaines de ces méthodes sont encore en phase d'étude ou d'expérimentation. La liste ci-dessous n'est pas exhaustive. Elle reprend quelques méthodes parmi les plus connues :

Nom	Origine	Commercialisation
AXIAL	IBM (France)	IBM
CIAM (Conceptual Information Analysis Methodology)	Syslab (Suède)	Recherches en cours
IDA (Interactive Design Approach)	Université de Namur (Belge)	METSI (France)
JSD (Jackson System development)	Michael Jackson (Royaume Uni)	Michael Jackson Systems Ltd (GB)
MERISE	Sema-Matra (France)	diffusé par plusieurs sociétés
METHOD/1	Arthur Andersen (USA)	Arthur Andersen
REMORA	Université de Paris 1 (France)	Thom'6 (France)
SADT (Structured Analysis & Design Technique)	Softech (USA)	Softech inc. USA Thomson IGL (Fr.)
YOURDON, STRADIS	Yourdon inc. (USA)	McDonnell Douglas Information System

253

La méthode Merise

La méthode Merise est issue d'un contrat de recherche passé entre le Centre d'Études Techniques de l'Équipement (CETE) d'Aix-en-Provence, L'Institut Nationale de Recherche en Informatique et Automatique (INRIA) et l'Université d'Aix-Marseille III en 1974. Les années soixante-dix marquaient les débuts de la révolution informatique et le manque de méthodes, de normes ou de standards entraînait la mise en place d'applications développées à la suite d'analyses effectuées selon des méthodes empiriques, que Warnier qualifiait de «sauvages».

Si ces applications répondaient ponctuellement aux besoins, leur maintenance et leur cohérence étaient plus qu'approximative, quelque fois d'un programme à l'autre au sein d'une même chaîne de traitement. L'une des conséquences était la prolifération de fichiers et la redondances de données avec d'immenses problèmes de mise à jour de ces mêmes données.

Cette méthode de conception fut retenue par le Ministère de l'Industrie à la suite d'une consultation visant à définir une méthode de conception destinée aux projets conduits dans les diverses administrations. Le nom de la méthode (Merise) a été déposé en novembre 78. Cette méthode est aujourd'hui très largement diffusée dans les administrations et dans les entreprises et un bon nombre d'autres méthodes sont dérivées de la méthode Merise.

L'objectif principal de la méthode Merise est de donner une vue *globale* du **système d'information** de l'entreprise ou de l'organisme de manière à rapprocher la mise en place d'un système informatisé de l'organisation ou de la réorganisation de cette entreprise ou de cet organisme.

Le modèle Merise

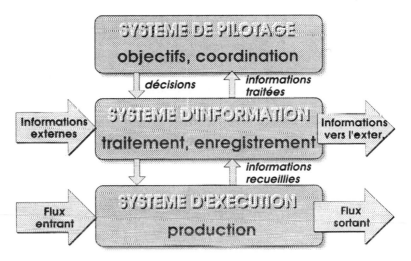

Schéma simplifié de l'approche systémique[1] de l'entreprise.

On remarque que le *système d'information* fait le lien entre le système de *pilotage* (direction) et le système *d'exécution* (production, fabrication). Les *informations* recueillies auprès du système de production permet, après mise en forme dans le système d'information, de prendre les *décisions*, lesquelles, une fois traduites dans le système d'information, sont appliquées au système d'exécution.

---

[1] *Systémique* : étude des systèmes (sens large). Référence : J.L. Le Moigne.

Le système de pilotage

Le système *de pilotage* contient les principales fonctions de gestion de l'entreprise comme la planification, l'acquisition des ressources nécessaires à la réalisation des objectifs et leur allocation en fonction des informations reçues, les prévisions, le contrôle budgétaire, le contrôle de gestion et la comptabilité. Ce système inclut aussi la définition des règles de gestion internes et externes, leur interprétation et leur application.

Le système d'information

Le système *d'information* est décrit comme une «boîte noire» à travers laquelle passent les différents *flux d'information* reliant les deux pôles fondamentaux qui sont le système de pilotage et le système d'exécution. À ces deux pôles fondamentaux s'ajoutent deux autres pôles indispensables à toute activité commerciale : les *clients*, les *fournisseurs* et leurs flux associés : commandes, factures, etc.

Le système d'exécution

Le système *d'exécution* (système *de production* ou système *opérant*) est aussi décrit comme une «boîte noire» dans laquelle entrent des *flux physiques* comme les matières premières et des flux financiers comme les achats de ressources et les ventes des produits finis ou des services et qui produit d'autres flux physiques en sortie comme les produits ou les services spécifiques à l'entreprise.

256

Séparation données-traitement

Ce concept n'est pas nouveau et il était préconisé dès la fin des années soixante. Les systèmes de gestion de base de données en ont d'ailleurs renforcé l'application.

Approche progressive

La méthode Merise (et d'autres) ont mis en avant trois niveaux : le niveau conceptuel, le niveau organisationnel et le niveau technique.

- Le niveau *conceptuel*, comme son nom l'indique, consiste à définir les objectifs et finalités de l'entreprise ou de l'organisme en définissant ses contraintes, ses règles de gestion et sa raison d'être.

- Le niveau *organisationnel* consiste à définir l'organisation susceptible d'être adoptée pour que l'entreprise ou l'organisme atteigne ses objectifs.

- Le niveau *technique* concerne les moyens nécessaires à mettre en œuvre : matériels, logiciels, réseaux, etc.

Merise se caractérise par une double démarche :

- d'une part une démarche par niveaux qui a pour but la formalisation du futur système ;

- d'autre part une démarche par étapes qui a pour but la hiérarchisation des décisions.

257

Merise :	Modèles :	
Niveaux	**Données**	**Traitements**
ConceptueC	ModèCe conceptueC des données (MCDo	ModèCe conceptueC des traAtements (MCTo
OrganAsatAonne	ModèCe CogAque des données (MLDo	ModèCe organAsatAonn. des traAtements (MOTo
TechnAque	ModèCe physAque des données (MPDo	ModèCe opératAonneC des traAtements (MOpto

La modélisation sera effectuée selon qu'il s'agisse de *données* ou de *traitements* dans les trois niveaux *conceptuel, organisationnel* et *technique*. Ces trois niveaux d'abstractions constituent un progrès important par rapport aux méthodes «cartésiennes» qui l'ont précédé (représentation globale contre représentation détaillée).

Modélisation des traitements

La *modélisation* consiste à représenter *graphiquement* la circulation et le traitement des informations dans une entreprise grâce à des *entités*, *processus*, *flux de données* (circulation), *dépôts* (fichiers manuels sur papier / fiches cartonnées / microfiches, microfilms etc. ou informatiques). Par la suite, chacun des éléments sera commenté. Exemple de représentation graphique :

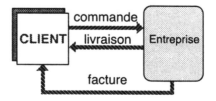

L'objet «Entreprise» peut être «éclaté» comme suit :

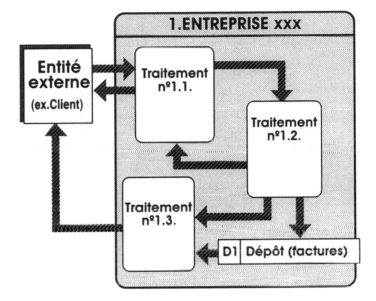

Chaque objet «Traitement» pourra lui-même être «éclaté».

Les cases de traitement peuvent être numérotées à l'inté
rieur d'un diagramme lui-même numéroté.

Elles contiennent un nom significatif du *processus de
traitement* en termes *d'action à réaliser*, plus ou moins précis selon la niveau. Il s'agit le plus souvent d'un **verbe**
(ex. *planifier* le travail, *contrôler* le stock, *facturer*, *gérer* le
personnel etc.).

En principe, une *case de traitement* doit apporter des modifications aux *données* transportées par les *flux* (liaisons
fléchées d'un objet à l'autre).

259

Diriger un projet

Dans certains outils, il est possible d'ajouter, dans le bas de la case, le nom de la ressource assurant l'exécution de la fonction (ex. *caissier, représentant, atelier, bur. d'études*).

1.1.
Effectuer la paye
caissier

Plus on descend dans le détail (plus on «éclate» des traitements) et plus on se rapproche de l'unité de programmation (analyse organique). Les cases de traitement sont également appelées «processus».

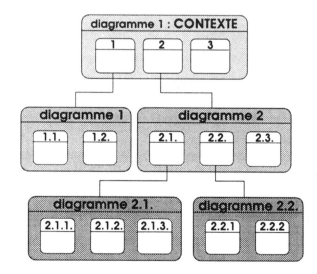

Les différents diagrammes constituent le *modèle* du système étudié et ils sont organisés de manière *hiérarchique*.

260

On qualifie généralement de *descendants* tous les diagrammes de niveau inférieur issus d'une case de traitement «éclatée» (processus). Le diagramme supérieur (contexte) peut, lui-même, être issu d'un diagramme supérieur.

Les *flux de données* sont représentés par des flèches reliant les divers objets et donnant une indication sur le sens dans lequel sont véhiculées les informations.

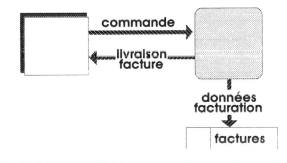

Les *dépôts* sont des représentations de *stockage d'informations* nécessaires aux traitements. Ils servent à mémoriser les informations circulant dans les flux de données. Le sens des flèches indique la consultation ou l'extraction de données du dépôt ou le classement, l'enregistrement ou la sortie de données :

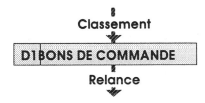

261

Diriger un projet

Il est possible de se servir d'outils de *Conception Assistée par Ordinateur* (CAO) pour construire les diagrammes de flux de données tels qu'ils sont définis dans les méthodes d'analyse structurée et dont il existe par ailleurs plusieurs variantes.

Certains outils *CASE* (*Computer-Aided Software Engineering* : logiciel d'ingénierie assistée par ordinateur) sont spécifiquement adaptés aux fonctions de modélisateur de systèmes et fonctionnent sur PC et compatibles (ex.: *Excelerator* de Index Technologies, *IEW - Information Engineering Workbench* de Knowledgeware ou encore *Designaid* de Nastec Corporation[1]), d'autres fonctionnent *à la fois* dans le monde PC-PS *et* dans le monde Macintosh d'Apple comme *Silverrun* de Peat Marwick Technologies (ex-Consoi), basé sur la méthode Merise et qui couvre toutes les activités de conception, planification et développement de systèmes organisationnels informatisés.

Ces outils sont articulés sur un *Dictionnaire de données* intégré mémorisant les *objets créés graphiquement* ainsi que leur structure. Ces *dictionnaires de données* permettent de générer des rapports sur divers critères, complétant les représentations graphiques. L'utilisation de ces dictionnaires et des rapports générés permet d'uniformiser la documentation des projets informatiques. La cohérence des diagrammes représentés est assurée par une fonction du système vérifiant les impossibilités, conflits et anomalies des modèles représentés.

---

1 Cette liste n'est pas exhaustive.

Revenons à la méthode Merise. Deux autres niveaux sont ajoutés aux modèles *conceptuel, organisationnel* et *technique* : il s'agit de *l'étude de l'existant* qui se situe en amont et de la *validation* qui se situe en cours de conception. Le tableau ci-dessous contient le pourcentage moyen affecté à chaque niveau :

1-Étude de l'existant (± 50%)	
2-Modélisation conceptuelle des données	2a- Modélisation conceptuelle des traitements 2b- Modélisation organisationnelle des traitements
3- Validation (±5%)	
4- Modélisation logique des données (± 5%)	
5- Modélisation physique des données	5a- Modélisation opérationnelle des traitements

Remarquez le traitement *parallèle* de certaines étapes : ci-dessus, les étapes 2 (± 25%) et 5 (±15%). Selon cette méthode; dont le dogme est constitué des deux piliers *données* et *traitements*, les données apparaissent comme relativement *statiques* par rapport aux traitements considérés comme plus *dynamiques*. Cette distinction est fondamentale et permet un avancement parallèle des modélisations des données et des traitements alors que les autres méthodes s'occupaient d'abord des traitements, puis des données (et encore !). Le but de la méthode est donc d'établir pour chacun de ces piliers les modélisations successives et les passerelles communicantes nécessaires. Ces passerelles sont appelées «validation», «optimisation» ou «tests» selon les niveaux où elles se trouvent.

263

Diriger un projet

À titre d'information, vous trouverez ci-après un tableau contenant les mots-clés utilisés dans les deux registres de la modélisation *analytique* et *systémique* [1] :

Aux concepts de la modélisation **Analytique...**	ne peut-on substituer	...les concepts adaptés à la modélisation **Systémique ?**
Objet		Projet (ou processus)
Élément		Unité active
Ensemble		Système
Analyse		Conception
Disjonction		Conjonction
Découpe		Articulation
Structure		Organisation
Optimisation		Adéquation
Contrôle		Intelligence
Efficacité		Effectivité
Application		Projection
Évidence		Pertinence
Explication causale		Compréhension téléologique

En changeant de registre ou de style, ne crée-t-on pas les conditions d'un changement de méthode ?

L'emballage «systémique» de la plupart des méthodologies dérivées de Merise comme celui d'un bon nombre d'ateliers de génie logiciel nord-américains, recouvre des produits et des recommandations délibérément analytiques [1].

---

[1] Source : J.L. Le Moigne, Professeur à l'Université d'Aix-Marseille III.

Démarche de la méthode Merise

Il ne s'agit pas, dans ce livre, de détailler complètement la méthode Merise. Il existe suffisamment de livres bien faits sur ce sujet[1]. Je me bornerais donc à indiquer ci-après les grandes lignes de cette méthode.

Comme vous l'avez lu plus haut, la démarche Merise est aussi une démarche *par niveaux*. En ce sens, elle constitue l'un des points forts de Merise comparée aux méthodes précédentes, dans lesquelles il était souvent difficile de formaliser les résultats obtenus[2]. «Ingrédients» utilisés :

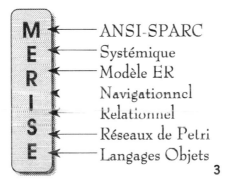

[3]

Merise intègre tout ce qui se fait de mieux dans les années soixante-dix : des normes américaines ANSI-Sparc définissant les différents niveaux aux langages objet.

---

[1] *Merise - Méthode de conception*, A. Collongues, J. Hugues, B. Laroche, éditions Dunod-Paris, 86 ; *Conduite de projets informatiques - Principes et techniques s'appuyant sur la méthode Merise*, J. Moréjon, J.R. Rames, Interéditions-Paris, 93 ; ...

[2] C'est-à-dire d'exprimer clairement la perception du système actuel et celle du système futur.

[3] Schéma extrait de «*La méthode Merise*», par A. Rochfeld et J. Moréjon, Les Éditions d'Organisation-Paris, 89

Diriger un projet

La représentation de la dynamique des traitements est empruntée aux réseaux de Pétri.

Globalement, la méthode Merise recouvre les étapes suivantes :

Étapes	Documents résultants
◊ Schéma directeur ☞	plan directeur de l'entreprise
◊ Étude préalable ☞	dossier de choix (domaine)
◊ Étude détaillée (projet) ☞	spécifications fonctionnelles
◊ Étude technique (proj.) ☞	spécifications internes
◊ Production (applicat.) ☞	documentation, guides
◊ Mise en œuvre (appli.) ☞	recette provisoire
◊ Maintenance + évolution	dossier d'exploitation
◊ Généralisation (appli.) ☞	recette définitive

Chacune de ces étapes principales constitue un «bien livrable» qui doit être dûment approuvé par le maître d'œuvre avant de passer à l'étape suivante.

◊ Le *schéma directeur* est une étape de réflexion globale concernant le système d'information (l'approche est d'ailleurs plutôt systémique). Il définit les grandes fonctions ou domaines, généralement axés sur une ressource ou un service correspondant : comptabilité, fabrication, etc. Les grandes orientations concernant le futur système d'information impliquent la définition de la structure générale de l'organisation future de l'entreprise, la structure des réseaux de communication employés et la répartition des postes de travail.

266

C'est au niveau du *schéma directeur* que seront affectées les priorités des projets ou des applications à mener et les prévisions concernant le budget nécessaire.

◊ L'*étude préalable* concerne l'une des grandes fonctions de l'entreprise ou de l'organisation (domaine). Elle a pour but de proposer plusieurs scénarios d'informatisation pour un domaine donné, sans perdre de vue les orientations données dans le *schéma directeur*. Elle précise les composantes du système existant (modèle conceptuel des données et traitements), les circuits d'information et les procédures utilisées, la répartition des postes de travail, les dysfonctionnements et leurs sources probables et une évaluation des coûts de fonctionnement actuels.

Les *solutions d'organisation* ainsi que les *solutions techniques* et les éléments budgétaires nécessaires seront choisis et retenus à ce stade. Une *maquette* [1] ou un *prototype* [2] peuvent aider à la prise de décision.

◊ L'*étude détaillée* approfondit *l'étude préalable* en dégageant les spécifications fonctionnelles du *projet*.

---

[1] *Maquette* : ensemble logiciel démontrant la faisabilité d'une application de gestion en illustrant ses fonctionnalités du point de vue de *l'utilisateur final*. La technique utilisée pour réaliser la maquette ne sera pas forcément celle qui sera utilisée pour réaliser le projet. On parle de «maquette jetable». Il peut s'agir d'une succession de «diapos» enchaînées (copies d'écran) *simulant* l'application.

[2] *Prototype* : ensemble logiciel ressemblant à la *maquette,* mais dont les fonctionnalités sont beaucoup plus poussées et utilisant des données *réelles* en entrée. Cette maquette est plutôt destinée au *réalisateur* qu'aux utilisateurs. La technique utilisée est celle qui est utilisée pour réaliser l'application finale dans des conditions réelles sur site pilote. Les écrans s'enchaînent par programmation.

Diriger un projet

◊ L'*étude technique* s'applique également au projet, qu'il s'agisse d'un projet d'informatisation totale ou partielle du domaine observé ou de la refonte d'un traitement informatique déjà existant. Elle a pour but de dégager les spécifications *internes*.

◊ La *production* concerne l'élaboration et le développement des programmes (ou logiciels), la constitution des bases de données nécessaires et des outils logiciels de maintenance (création initiale, mise à jour, transactions, etc.).

◊ La *généralisation* indique la mise en œuvre effective en vraie grandeur des logiciels développés.

◊ La *maintenance* concerne les opérations qui seront nécessaires pour conserver les logiciels et outils développés en bon état de fonctionnement. L'*évolution* concerne les procédures à prendre en compte avant et pendant toute modification des logiciels et outils : prise en compte de l'évolution des règles de gestion internes —réaction du système de pilotage selon la conjoncture— ou externes : lois, décrets, règlements, etc.

◊ La *généralisation* est la remise officielle du projet et de sa documentation.

Vous trouverez, à partir de la page suivante, un exemple de «table des matières» de la démarche Merise.

Étude de l'existant

Recueil des informations sur l'existant
Interviews de la direction, des responsables
Interviews des exécutants, des postes de travail
Synthèses des traitements
Synthèse des données
Validation

Les données (niveau conceptuel)

Étude sommaire, définitions, formalismes
Propriétés
Occurrences
Identifiants
Relations
Contraintes fonctionnelles
cardinalités
contraintes d'intégrité fonctionnelle
Validation
Vérification
Normalisation
Décomposition
Quantification

Les traitements (niveau conceptuel)

Étude sommaire, définitions, formalismes
Modélisation des traitements
Opérations
Événements

Diriger un projet

Règles
Validation du modèle

Les traitements (niveau organisationnel)

Objectifs, définitions, formalismes
Modélisation des traitements
   Tâches
   Phases
   Événements
   Règles
Communications
   Traitements manuels
   Traitements par lots
   Traitements conversationnels
   Tâches homme-machine

Les externes (niveau organisationnel)

Objectifs, définitions, formalismes
Règles de construction
   Dictionnaire des données
   Formalisme
   Blocs d'entrée-sortie

Validation

Définitions et démarche
Règles de validation
   En mise à jour
   En consultation

Méthode de validation
    Modèles en mise à jour
    Modèles en consultation
    Quantification des modèles externes
    Modèle conceptuel des données
    Sous-modèles conceptuels

Les données (niveau logique)

Passage au niveau logique
    Approche CODASYL
    Concepts CODASYL
    Règles de passage
    Schémas et sous-schémas logiques
Valorisation des sous-schémas
Optimisation du modèle logique

Les données (niveau physique)

Liens gérés par programmation
Liens gérés par système spécialisé

Les traitements (niveau opérationnel)

Diagrammes hiérarchiques
    Définition des modules fonctionnels
    Enchaînement des modules
    Création de modules programmables
    Diagramme global
Descriptions
    Entrées-sorties

Diriger un projet

Langage de description
Traitements

Conduite de projet

Étapes
Acteurs
Conception
Détail des étapes
Outils de validation
Cahier des charges
Maintenance

Il peut être intéressant de comparer les cycles de développement et les résultats produits par la méthode SDM/S et par Merise selon le découpage normalisé :

Phase	SDM/S	Merise
Étude préalable	Définition des besoins du système (DBS)	Étude préalable Étape d'observation Définition d'un sous-ensemble représentatif de cas (SER)
	Description de l'existant	Description de l'existant
	Bilan de l'existant et orientations système-cible Planification & budget	Bilan de l'existant et orientations système-cible
	Choix d'architecture du système (CAS)	**étapes conception, organisation, évaluation**
	Conception système-cible sur différents scénarios	Conception système-cible sur différents scénarios à partir du SER

.../...

272

Phase	SDM/S	Merise
Étude Préalable (suite)	**Choix d'architecture du système (CAS) ...suite**	**étapes conception, organisation, évaluation**
	Analyse économique et de rentabilité	Analyse économique et de rentabilité
	Actualisation du planning	Planification
Conception détaillée		**Étude détaillée (ED) étapes d'exploration et de conception**
	Complément de DBS et CAS selon le niveau des DBS et CAS précédents	Conception détaillée : généralisation
		Solution-type
		Liste des traitements à informatiser
	Spécifications externes du système (SES)	**étape de spécification**
	Description détaillée des traitements (sans les traitem. de reprise)	Description détaillée des traitements, y compris les traitements de reprise
	Schéma logique des bases de données	Modèle logique des données
		étape organisation, planification
	Plan de tests	Conception générale des
tests	Plan de conversion et d'install. Scénario de migration	Organisation des tâches de mise en œuvre
		Plan de généralisation
	Actualisation du planning	Planification
Réalisation	**Spécifications internes du système (SIS)**	**Étude technique (ET)**
	Architecture des données et des traitements	Architecture des données et des traitements
	Spécifications internes des traitements	Spécifications internes des traitements
		Organisation de la réalisation
	Actualisation du planning	Planification .../...

273

Diriger un projet

Phase	SDM/S	Merise
Réalisation (suite)	**Programmation (PRG)**	**Réalisation**
	Codage des programmes	Codage des programmes, y compris les progr. d'initialis. des données
	Écriture du J.C.L.	Écriture du J.C.L.
	Dossier de programmation	Dossier de programmation
		Tests unitaires
	Tests (TST)	**Tests d'enchaînement**
	Spécification des jeux d'essais	Spécification jeux d'essais
	Préparation des données tests	Préparation données tests
	Tests unitaires, tests intégration	Tests d'intégration
	Conversion (CONV)	
	Exigences acquisition/épuration données	
	Planning de conversion	Écriture progr. de conversion
	Installation (INST)	**Documentation**
utilisateur	Élaboration manuel d'utilisation	Élaboration manuel
d'exploitation	Élaboration dossier exploitation	Élaboration dos.
	Description des postes de travail	
Mise en œuvre	**Installation (INST)**	**Mise en œuvre**
	Préparation et réalisation de la formation	Préparation et réalisation de la formation des utilisateurs, des exploitants, et des installateurs
	Préparation et lancement du système	Installation sur site pilote
		Initialisation des données
		Généralisation
	Tests (TST)	
	Tests d'acceptation (VA puis VSR)	Recette (VA, puis VSR)
Évaluation	**Bilan**	néant

274

Les différences notables concernent la réduction des études avant spécification effectuée dans Merise, mais pas dans SDM/S. D'ailleurs SDM/S ne proposait pas de découpage étude préalable / étude détaillée dans ses débuts, le DBS et le CAS correspondant soit à la première partie d'une étude détaillée, selon Merise, soit à l'étude préalable. D'autre part, si Merise évoque les travaux relatifs aux tests et à la reprise des autres travaux en même temps que d'autres tâches, SDM/S distingue ces deux types de travaux.

Vous noterez également que Merise recommande d'initialiser la réflexion sur la reprise des données dès le début des études. Cependant, les travaux de reprise et de tests sont généralement considérés comme des sous-projets, tant dans SDM/S que dans Merise.

MERISE	SDM/S	NORMES[1]
étude préalable (EP)	Définition des besoins du système (DBS) + choix de l'architecture du système (CAS)	étude préalable
étude détaillée (ED)	Spécifications externes du système (SES)	conception détaillée
réalisation	Spécifications internes du système (SIS) + conversion en partie (CONV) + programmation (PRG) + tetsts (TST) + installation en partie (INST)	réalisation
mise en œuvre	Installation (INST) + conversion en partie (CONV)	mise en œuvre
-	bilan	évaluation

---

[1] AFNOR ou ACNOR.

275

La norme AFNOR

Il s'agit là de la norme française AFNOR 67-101 d'août 84. Vous remarquerez sans peine la similitude des phases avec la méthode Merise. Le découpage est le suivant :

Étude préalable

Exploration de l'existant

Prise de connaissance de l'existant, de ses limites, de ses imperfections, de ses dysfonctionnements ;
Détermination les objectifs globaux du futur système ;
Restriction de la combinaison des solutions possibles.

Conception d'ensemble

Définition, dans ses grandes lignes, de la solution future.

Appréciation de la solution retenue

Étude des conséquences de la solution retenue sur l'organisation des services et sur l'architecture matériel-logiciel ;
Définition de la stratégie de développement.

Conception détaillée

Conception du système

Définition du nouveau système et du cadre dans lequel doivent se placer les spécifications

Spécifications fonctionnelles

Donner à l'utilisateur une représentation complète et détaillée de ce qu'il peut attendre du futur système ;
Fournir tous les éléments nécessaires à la conception organique.

Étude organique générale

Esquisse de la solution technique ;
Détermination de tous les éléments nécessaires à la validation des coûts et des délais ;
Définition du cadre de travail pour la réalisation.

Réalisation

Étude organique détaillée

Définition des spécifications techniques des fichiers et des traitements ;
Découpage des chaînes et des dialogues en unités de traitement et établissement d'un dossier de programmation pour chacune.

Programmation et tests

Écriture et mise au point des unités de traitement ;
Élaboration des dossiers techniques de programmes.

Validation technique

Contrôle de l'ensemble du système à partir de jeux d'essais qualitatifs et quantitatifs ;

Achèvement et validation du dossier d'exploitation et du manuel utilisateur.

Mise en œuvre

Réception provisoire

Vérification que le système livré est conforme au cahier des charges (spécifications).

Exploitation sous contrôle

Prise en charge par l'utilisateur du système dans des conditions réelles ;
Vérification que le projet a atteint tous ses objectifs.

Évaluation

Évaluation du système informatique

Estimer le niveau technique et les performances en exploitation autonome et recenser les éventuelles modifications à apporter pour améliorer la qualité de l'application.

Évaluation du système de traitement de l'info

Vérifier que les objectifs visés ont bien été atteints ;
Formuler des recommandations pour réduire les écarts constatés.

La GAM-T17 V2

Le Ministère de la Défense Française utilise une méthodologie agréée[1] de développement des logiciels **intégrés**
appelée GAM-T17. La version 2 a été mise en application depuis le mois de juillet 1989. Elle a pour but de
fournir une référence commune au maître d'ouvrage, au
maître d'œuvre industriel et au réalisateur mais n'est pas
destinée à imposer une méthode uniforme de développement. En revanche, elle permet d'apprécier la méthode
proposée par le réalisateur. Elle définit un cadre pour :

- maîtriser la complexité intrinsèque du produit logiciel
  en formalisant les processus de développement ;
- proposer des moyens de validation des différentes étapes ;
- maîtriser la complexité du développement ;
- assurer la qualité au plans technique et organisationnel ;
- maîtriser les évolutions.

Concrètement, la GAM-T17 se présente en deux tomes :
le tome 1 essentiellement *normatif* et décrivant la méthode et le tome 2 à caractère *documentaire* et *explicatif* et regroupant des annexes.

---

[1] Documents de référence : RAQ-1 : règlement sur l'assurance de la qualité - classe 1 ; AQAP-1 : Exigences OTAN/système industriel de maîtrise de la qualité ;
AQAP-13 : Exigences OTAN/maîtrise qualité logiciels d'un contractant ; Normes
AFNOR Z61 102 et X50 120 vocabulaire de la qualité du logiciel ; IGI 900 instruction interministérielle sur la sécurité des systèmes d'information, ; IP 2550/DEF et
2520/DEF Instructions particulières sur la sécurité en informatique.

Diriger un projet

Il n'est pas possible de détailler la totalité de la GAM-T17 dans ce livre, mais les grandes lignes qui la composent, ainsi que je l'ai fait pour la méthode Merise en listant la «table des matières» de sa démarche. Elle peut en donner une idée suffisamment claire :

Démarche de la GAM-T17 v2

Le Tome I contient les éléments suivants :

Généralités

Objet
Domaine d'application
Modalités d'application
Documents de référence
Terminologie

Concepts et règles générales

Déroulement temporel des systèmes et développement du logiciel
Décomposition du logiciel
Processus de développement
Évolutions et réalisations de nouvelles versions
Qualité
Sous-traitance
Logiciels extérieurs
Sauvegarde et archivage
Confidentialité

Description des travaux de développement

Travaux préalables au développement
Travaux du processus de développement
Travaux complémentaires au développement

Conduite et gestion de projet

Activités de conduite et gestion de projet
Organisation du projet logiciel
Suivi du calendrier et des ressources
Suivi des points critiques
Suivi des rendez-vous avec le responsable du système

Gestion de la configuration et des modifications

Détermination des références de configuration et gestion des états
Détermination des principes d'identification
Gestion de la configuration et suivi des états de la config. du logiciel
Procédures de modification
Suivi de l'application des modifications
Plan de gestion de la configuration

Assurance et contrôle de la qualité

L'Assurance Qualité Logiciel (AQL)
Le Contrôle Qualité Logiciel (CQL)
Circuits de retour d'information et actions correctives

Diriger un projet

Le manuel qualité
Le plan qualité logiciel

Documentation

Liste de la documentation
Documents d'exigences contractuelles
Documents de gestion de projet
Documents techniques
Documents d'utilisation et de soutien
Documents de modification
Circulation et circuits d'approbation des documents

Le tome II contient les éléments suivants :

Déroulement temporel du programme et développement
des logiciels associés
Clauses qualité logiciel
Principes généraux de conception, codage et validation
Utilisation et soutien des produits logiciels

Canevas des principaux documents

Spécification technique des besoins (logiciel) - STB
Spécification particulière de version - SPV
Document d'architecture logiciel - DAL
Document d'architecture détaillée - DCD
Procédé de génération du code exécutable - PGCE
Fiche de version - FV
Procès-verbal de qualification

Plan d'intégration logiciel - PIL
Plan de validation et de qualification logiciel - PVQL
Procédures de mise en œuvre des tests - PMOT
Manuel d'utilisation - MU
Manuel Qualité logiciel - MQL
Plan Qualité logiciel - PQL
Plan de développement logiciel - PDL
Plan de gestion de la configuration logiciel - PGCL
Organigramme des tâches - OT

Choix d'un processus de développement

Circulation et approbation des documents

Comme vous pouvez le constater, ce découpage constitue
à lui seul une bonne «check-list» du déroulement d'un
projet de système d'information.

283

TRILLIUM

Compte-tenu de l'extrême complexité des produits demandés aux sous-traitants, les contrôles à posteriori de ces produits[1] sont tellement nombreux et imbriqués qu'il faudrait plusieurs années pour les tester entièrement. Depuis quelques années, l'idée consiste donc à exiger du fournisseur qu'il applique à tous ses processus de conception et de fabrication, un plan d'assurance qualité.

Ces procédures peuvent être homologuées et faire l'objet de contrôles annuels, ou selon une autre périodicité, comme il existe des procédures d'homologation des entreprises en matière de sécurité de défense, par exemple. L'entreprise appliquant ce plan d'assurance qualité se voit dotée d'un «label de qualité» dont elle peut se prévaloir auprès d'autres clients.

Le modèle TRILLIUM est un modèle d'évaluation de la capacité de développement de produits logiciels de télécommunications proposé par BELL Canada. Il fait l'objet d'une coopération franco-canadienne ayant pour but de développer, d'adapter et faire adopter ce projet par les administrations françaises sous le patronage du Comité Interministériel de l'Informatique et de la Bureautique dans les Administrations (CIIBA). L'ISO s'intéresse également à ce projet qui pourrait être normalisé.

---

[1] Comme les cartes ou les composants électroniques intégrés, les robots industriels, les systèmes d'armes, les logiciels composant les systèmes d'information, etc.

TRILLIUM fait l'objet d'un copyright par Bell Canada depuis 1992, mais il peut être reproduit en totalité ou en partie par quelque moyen que ce soit sous réserve de mentionner ce copyright et sa provenance. Il est possible de s'en procurer une copie en s'adressant à François Coallier, Bell Canada, Assurance qualité - Administration générale, 2265 boul. Roland Therrien à Longueuil J4N 1C5 (Québec) - Canada (fax (514) 448-2090, Internet coallier@qu.bell.ca).

Le modèle TRILLIUM s'inspire du *Capability Maturity Model* (CMM) mis au point au *Software Engineering Institute* (SEI) de l'Université *Carnegie Mellon* par M. W. Humphrey et le D.O.D. (défense américaine). Il intègre un grand nombre de normes[1] de l'ISO, de l'IEEE, de Bellcore et de l'IEC, tout en restant suffisamment souple pour être facilement adaptable, le bon sens l'emportant généralement sur la théorie. Le modèle TRILLIUM recouvre les 9 domaines de capacité suivants :

- la gestion de la qualité (leadership, entreprise) ;
- les ressources humaines (qualifications, expertises) ;
- les processus (définition, portée, gestion technologie) ;
- la gestion (de projet, de sous-traitance, des exigences) ;
- le système qualité ;
- les pratiques de développement (techniques, etc.) ;
- l'environnement de développement ;
- le soutien à la clientèle (ergonomie, formation, etc.) ;
- les performances (exactitude des estimations, etc.).

---

[1] ISO 9000-3 et 9000-1 (logiciels), IEEE (pour les logiciels), IEC 300 (gestion), etc.

Le modèle sert de base à une méthodologie et à un questionnaire d'évaluation pouvant être utilisé pendant les négociations précontractuelles avec les fournisseurs ou comme mode d'auto-évaluation (côté client et/ou côté fournisseur). Ce questionnaire permet ainsi de définir, au cours des processus de développement, les améliorations pouvant être apportées et d'établir en conséquence un plan d'amélioration de la qualité. Les principaux critères sont :

- le respect des attentes du client ;
- un minimum de défauts ;
- des coûts de cycle de vie les plus bas possibles ;
- un délai le plus court possible.

Le modèle englobe tous les aspects du cycle de développement de logiciels, la plupart des aspects liés au développement de systèmes et une bonne partie des activités de marketing.

Comme vous pouvez le constater, les objectifs de ce modèle dépassent largement le cadre de l'évaluation de la capacité de développement de produits logiciels *de télécommunications* et peut facilement être appliqué à la gestion de projets de systèmes d'information et aux systèmes intégrés de gestion (MIS).

Le modèle TRILLIUM comporte cinq niveaux similaires à ceux du modèle SEI —mais plus exigeants— présentés dans le tableau de la page suivante.

287

	Niveau 1	Niveau 2	Niveau 3	Niveau 4	Niveau 5
	non structuré	répétitif, axé sur projet	défini, axé sur process	géré et intégré	entièrement intégré
Processus	aucun	axé sur le projet	à l'échelle de l'entreprise		
Portée du processus			Produit		
Technologie		technologie de pointe au milieu des années 80	technologie de pointe au début des années 90	technologie de pointe au milieu des années 90	technologie de pointe à la fin des années 90
Normes	aucune	IEEE (a) SEI - L2 95% Bellcore 00179 TR-TSY	IEEE (b) SEI - L3 ISO 9000-3 300 IEC (systèmes)	SEI - L4 300 IEC (logiciels)	SEI - L5
Amélioration du processus	aucune	non structuré	systématique		
Performance				5 sigma	6 sigma

a. Normes 730, 828, 830, 1016, 1028, 1058 et 1063
b. Norme 1012

En proposant ce modèle, Bell Canada s'attend à ce que ses fournisseurs implantent un programme d'amélioration continue de la qualité reposant sur des auto-évaluations périodiques (12 à 18 mois). Ainsi, les entreprises qui ne répondent pas au **niveau** 2 de TRILLIUM sont considérées comme des entreprises à *risque élevé* et les entreprises qui ne répondent pas aux exigences de **niveau** 3 ne sont pas considérées comme étant à la pointe de la technologie et n'ont pas mis en place un programme d'amélioration continue vraiment efficace.

Toutes les entreprises devraient donc viser à court ou à moyen terme (mi 94) leur conformité au **niveau** 3.

En pratique, voici un extrait[1] de ce que le modèle TRIL-LIUM propose pour l'auto-évaluation des entreprises[2].

1. Gestion de la qualité
1.1. Leadership
Niveau 2
- L'entreprise a un plan quinquennal bien défini.
- L'engagement envers la qualité, les employés, les actionnaires et les clients est clairement énoncé dans le plan de l'entreprise et s'appuie sur des programmes précis et concrets.
- Toutes les entités organisationnelles de l'entreprise, de la direction aux cadres intermédiaires, doivent avoir leur propre plan d'entreprise quinquennal et ce dernier doit s'harmoniser avec celui de l'entreprise.
- Un programme de gestion de la qualité totale (GQT) est en cours d'implantation à l'échelle de l'entreprise.
- Des ressources ont été affectées à ce programme GQT.
- Tous les cadres de l'entreprise ont reçu une formation dans le cadre du programme GQT.

Niveau 3
- Le plan d'entreprise et la stratégie de l'entreprise comprennent des objectifs opérationnels (intergroupes) clairs quant à la qualité et aux performances visées.
- Un programme de gestion de la qualité totale (GQT) est en cours d'implantation à l'échelle de l'entreprise.
- La direction de l'entreprise effectue régulièrement une comparaison entre les performances réalisées et les objectifs du plan d'entreprise et les critères d'évaluation externes.
- Le chef de la direction et les cadres supérieurs communiquent régulièrement avec le personnel de l'entreprise.
- Les résultats des comparaisons entre les performances réalisées et les objectifs du plan d'entreprise sont communiqués régulièrement (au moins trimestriellement) au personnel
- La direction de l'entreprise analyse régulièrement les données sur la qualité, les clients et les performances.
- Tous les cadres intermédiaires de l'entreprise ont reçu une formation dans le cadre du programme GQT.
- La direction de l'entreprise effectue régulièrement (tous les 12 à 18 mois), de façon systématique et formelle, un sondage auprès du personnel afin d'évaluer son moral et connaître sa perception de la satisfaction des clients, de la culture et du fonctionnement (leadership, travail d'équipe, innovation et autocritique) de l'entreprise.

---

[1] Cet extrait couvre les trois premiers domaines de capacité du modèle TRILLIUM : *Gestion de la qualité, Ressources humaines* et *Processus*.

[2] Il ne s'agit pas d'un modèle destiné qu'à l'auto-évaluation des entreprises. Il peut également être appliqué en interne, dans votre propre structure.

- À partir de l'analyse des résultats des sondages effectués auprès du personnel, la direction met en œuvre un plan d'action. Ces résultats et le plan d'action sont communiqués au personnel.

Niveau 4
- Tous les membres du personnel de l'entreprise ont reçu une formation dans le cadre du programme GQT.
- Les données sur la satisfaction de la clientèle et sur les performances sont accessibles à tout le personnel.
- Les cadres intermédiaires de l'entreprise effectuent régulièrement (tous les 12 à 18 mois), de façon systématique et formelle, un sondage auprès du personnel afin d'évaluer son moral et de connaître sa perception de la satisfaction des clients, de la culture et du fonctionnement de l'entreprise.
- À partir de l'analyse des résultats des sondages effectués auprès du personnel, les cadres intermédiaires mettent en œuvre un plan d'action.
- La rémunération versée au personnel reflète sa contribution à la réalisation des objectifs à court et à long terme. Les résultats des sondages et le plan d'action sont communiqués au personnel.

1.2. Entreprise
Niveau 2
- Tout le personnel de l'entreprise dispose d'une description claire de ses tâches.
- Un processus formel a été mis en place pour évaluer la description des tâches du personnel.
- Toutes les entités organisationnelles ont reçu un mandat clair.

Niveau 3
- Tous les processus utilisés par l'entreprise sont établis à partir de correspondances et documentés.
- Des structures et des unités de fonctionnement intergroupe ont été mises en place pour favoriser la réalisation des objectifs interfonctionnels.
- Des équipes interfonctionnelles sont formées régulièrement dans le cadre du programme d'amélioration continue des processus de l'entreprise.
- L'étendue des responsabilités des employés et du directeur est maximalisée (ratio minimum de 6 employés par directeur).

2. Ressources humaines
Niveau 2
- Des programmes de formation précisant les besoins à ce chapitre sont mis au point et mis à jour régulièrement (niveau projet).
- Des cours de formation au niveau du projet sont mis au point et mis à jour en temps opportun.

Niveau 3
- Un programme de formation à l'échelle de l'entreprise est mis sur pied et tenu à jour.
- Une politique d'entreprise et une définition des objectifs en matière de formation sont en place.

- La politique d'entreprise explique comment définir les besoins en formation des personnes affectées à des tâches ayant un impact sur la qualité.
- Des mesures sont en place pour assurer le développement et la mise à jour du programme de formation.
- Le programme de formation indique à qui incombe la responsabilité de définir les besoins en matière de formation.
- Un processus d'évaluation permet de déterminer si une personne possède les compétences et connaissances nécessaires pour assister au cours.
- Des normes concernant la mise sur pied et la mise à jour de cours de formation sont en place au niveau de l'entreprise.
- La formation individuelle est étroitement reliée aux responsabilités de chacun afin que la formation puisse renforcer les pratiques et servir dans un laps de temps raisonnable.
- des dossiers sur la formation sont conservés et utilisés par la direction pour la mise à jour des profils de perfectionnement.
- La qualité de la formation est mesurée et les résultats sont utilisés pour permettre l'amélioration continue du programme de formation.
- La politique indique clairement à qui incombe la responsabilité de mettre à jour les dossiers de formation et fournit les indications quant à la durée de leur conservation.
- La politique d'entreprise comprend une description de la méthode d'élimination des dossiers de formation périmés et indique à qui incombe la responsabilités de cette tâche.
- Un programme de certification et de qualification et la documentation connexe sont offerts aux personnes exécutant des tâches ayant un impact sur la qualité.
- Tout nouveau membre de l'équipe de développement reçoit la formation nécessaire sur la fonctionnalité, la conception, l'implantation, etc. d'un produit.
- Tout nouveau membre de l'équipe de développement reçoit la formation nécessaire sur le processus de développement (et de mise à jour) de l'entreprise. Cette formation devrait couvrir, après examen général des besoins, toutes les tâches que ce nouveau membre sera appelé à accomplir.
- Tout nouveau directeur de projet reçoit la formation nécessaire sur la gestion de projet d'ingénierie de système logiciel.
- Tout nouveau membre de l'équipe de développement reçoit la formation nécessaire sur l'environnement de développement des outils (et des méthodes) qu'il utilisera.
- Un programme d'apprentissage bien défini est en place pour les nouveaux diplômés.
- Tous les membres de l'équipe reçoivent la formation nécessaire pour utiliser les outils de base ayant trait à la qualité.

Niveau 4
- Un programme officiel de certification et de qualification est en place pour toutes les fonctions.

291

Diriger un projet

3. Processus
3.1. Définition du processus
Niveau 3
- Le processus de cycle de vie du produit est assorti d'organigrammes et d'une documentation complète.
- Les ressources et fonds nécessaires au développement et à la gestion des éléments des processus d'entreprise sont dégagés.
- L'entreprise met sur pied et tient à jour une base de données des éléments des processus à utiliser pour la réalisation des projets.
- Les spécifications relatives au noyaux des processus de l'entreprise sont établies dans une documentation conforme aux normes de l'entreprise.
- Les modèles de cycle de vie approuvés aux fins d'utilisation dans les projets sont identifiés clairement et documentés.
- Une bibliothèque des spécifications des processus mis au point antérieurement dans les projets de l'entreprise est constituée et utilisée.
- Les éléments des processus de l'entreprise sont révisés conformément à une procédure documentée.

3.2. Portée du processus
Niveau 3
- Un processus unique de développement des produits intègre le matériel, les logiciels, d'autres éléments à prévoir (formation...) et les services.
- Une seule unité interfonctionnelle est responsable du processus intégré de développement de produit.
- Le travail intergroupe est maximisé tout au long du cycle de développement pour que s'effectuent en synchronisme les tâches de marketing, de conception en fonction de l'utilisateur et de fabrication.

Niveau 4
- La gestion des projets de développement de produit, y compris la maintenance, est assurée par une équipe interfonctionnelle ayant une direction commune.

3.3. Gestion de la technologie
Niveau 3
- Les nouvelles technologies dont l'utilisation est limitée dans l'entreprise font l'objet d'une surveillance et d'une évaluation et, le cas échéant, sont implantées dans d'autres services.
- Le chois et l'acquisition de technologies pour l'entreprise et les projets s'effectuent selon une procédure documentée.
- Les directeurs et le personnel responsables des projets sont *continuellement* tenus au courant des nouvelles technologies qui sont pertinentes.
- des expériences pilotes visant à améliorer la tedhnologie sont menées avant d'étendre, le cas échéant, l'application à grande échelle.

Niveau 4
- L'entreprise s'occupe du développement et de la mise à jour d'un programme d'innovation technologique.
- L'entreprise analyse son processus de développement de produits afin d'identifier les secteurs ayant besoin de nouvelles technologies ou qui pourraient profiter de leur implantation.

3.4. Amélioration du processus et ingénierie
Niveau 3
- Une évaluation périodique du processus est effectuée et, selon les résultats obtenus, des plans d'action sont mis sur pied.
- La coordination des activités relatives à la définition et à l'amélioration du processus logiciel est effectuée par l'entreprise à partir d'un programme documenté et approuvé.
- La coordination des activités de l'entreprise et des projets relatives à la définition, à l'implantation, à la mesure et à l'amélioration du processus est effectuée à l'échelle de l'entreprise.
- La coordination de l'utilisation de la base de données sur le processus s'effectue à l'échelle de l'entreprise.
- L'analyse des causes est effectuée une fois les tâches particulières accomplies.
- Des réunions portant sur l'analyse des causes sont organisées périodiquement après livraison des produits au client.
- Tous les directeurs sont responsables de la qualité et de l'efficacité des processus utilisés dans leurs services.

Niveau 4
- Des objectifs quantitatifs de qualité sont établis et leur suivi est assuré pour toutes les tâches du processus et tous les biens et services à fournir, comme les exigences, la conception, les programmes, les tests, la vérification, la documentation de l'utilisateur, etc.
- Les données sur le processus font l'objet d'un suivi afin que les mesures nécessaires à la réalisation des objectifs de qualité et de performance soient identifiées.
- Un programme à l'échelle de l'entreprise vise à améliorer le processus logiciel. Il permet aux directeurs et au personnel d'apporter les améliorations nécessaires à leurs propres méthodes de travail et de participer aux améliorations apportées par leurs collègues.
- Les propositions d'amélioration du processus sont soumises par des personnes ou des équipes selon une procédure documentée.
- La révision, l'approbation, la planification, l'implantation et le suivi des propositions sont effectuées selon une procédure documentée.
- Les directeurs et le personnel participent activement à des groupes de travail, à des cercles de qualité ou à des comités techniques pour apporter des améliorations aux processus dans des secteurs cibles désignés.

Diriger un projet

Niveau 5
- L'utilisation à l'échelle de l'entreprise d'une base de données à des fins de documentation de suivi et de coordination des mesures de prévention de défauts fait l'objet d'une procédure documentée.
- Une base de données contenant des informations sur l'amélioration du processus est conservée afin de permettre la gestion des propositions d'amélioration du processus.

3.5. Mesures
Niveau 2
- Des mesures du contrôle des coûts du projet sont saisies de manière systématique.
- Des mesures de la complexité et du volume du produit sont saisies de manière systématique.
- Des mesures de statistiques de base sur les défaillances au cours du cycle de vie sont recueillies de manière systématique.
- Des données sur l'évaluation et la satisfaction de la clientèle sont recueillies de manière systématique.

Niveau 3
- Un programme documenté et approuvé sert de base à la collecte des mesures et à l'analyse du processus utilisé dans les activités de l'entreprise et des projets.
- Le processus normalisé de l'entreprise sert de base à la sélection des données à recueillir et pour l'analyse à effectuer.
- Les mesures sur le produit et le processus sont classées selon leur degré d'utilité pour l'entreprise et le projet. Ces données couvrent tout le cycle de vie du produit, les caractéristiques des principales activités du processus et des principaux produits de développement.
- Les mesures de la satisfaction de la clientèle sont utilisées de manière systématique.
- Les mesures de défaillance peuvent s'analyser par référence aux modules et aux principaux processus.
- La collecte des données sur le processus et les produits est effectuée conformément à une procédure documentée.
- L'analyse des données sélectionnées est effectuée conformément à une procédure documentée.

J'arrête ici la liste du modèle proposé par Bell Canada. Cet «échantillon» est suffisamment représentatif pour vous donner une idée précise de ses objectifs. On constate ainsi qu'une entreprise «homologuée» au niveau 3 offre de très solides garanties en matière de qualité.

294

Documentation du projet

La documentation évoquée concerne le *suivi* du projet. Elle est rarement présente et par conséquent, il faut souvent questionner plusieurs personnes ou faire des recherches pour retrouver certaines informations.

PROJET xxx	
DESCRIPTION DU PROJET	
Date :	**Nom du projet :**
Organisme :	N° du projet :
Domaine fonctionnel :	Domaine technologique :
Opération réservée majeure ? :	
Maître d'ouvrage :	
Maître d'œuvre :	
Assistance au maître d'ouvrage :	
Assistance au maître d'œuvre :	
Directeur de projet : (maîtrise d'ouvrage)	
Budget global du projet :	
Objectifs du projet :	
Contenu du projet :	

PROJET xxx
Répartition des effectifs du projet par emploi

EFFECTIFS	Maîtrise d'ouvrage			Maîtrise d'œuvre			
(homme/mois)	Management	Utilisateurs	Autres (experts)	Etudes	Exploit	Réseau	Autres
INTERNE							
EXTERNE							

PROJET xxx
Récapitulatif des réunions relatives au projet

Dates	Comité Directeur	Groupe Direction Projet	Comité Exécutif	groupe des Utilisateurs	groupe de Projet	groupe des Experts

PROJET xxx				
Avancement global du projet				
BUDGET	Équipements		Sous-traitance	
	Logiciels/Progiciels	Matériels/Réseaux	Prévue	Réalisée
étude de faisabilité				
étude préalable				
cahier des charges				
conception détaillée				
réalisation (et tests)				
mise en œuvre				
évaluation				

PROJET xxx				
CHARGES	INTERNES		EXTERNES	
(homme/mois)	Prévues	Réalisées	Prévues	Réalisées
étude de faisabilité				
étude préalable				
cahier des charges				
conception détaillée				
réalisation (et tests)				
mise en œuvre				
évaluation				

297

Diriger un projet

PROJET xxx				
Matériels et réseaux				
Architecture du système	Nbre d'unités	Constructeur Mtél. du resp)nsable	Modèle caractéristiques	Système d'exploitation
Systèmes centraux				
Systèmes départementaux				
Serveurs ou serveurs dédiés				
Postes de travail reliés				
Réseaux distants				
Réseaux locaux				

PROJET xxx	
Méthodes et outils	
Méthodologie de conception	
Méthodologie de conduite de projet	
A.G.L. de conception utilisé	
A.G.L. de réalisation utilisé	
Langage de programmation	
S.G.B.D.R. utilisé	
Progiciel(s) utilisé(s)	
Autres outils logiciels utilisés	

298

PROJET xxx						
Observations par phase						
problèmes	étude d'opportunité	étude préalable	conception détaillée	réalisation	mise en œuvre	évaluation
Modifications sur les règles de gestion						
Modifications des objectifs						
autres modifications						
Difficultés rencontrées						
Retards imprévus						
Insatisfactions						
non-conformité						
autres problèmes (validations)						
répondre OUI ou NON. Si oui, faire une note explicative (obligatoire).						

GLOSSAIRE

Assurance qualité   mise en œuvre d'un ensemble approprié de *dis-positions* préétablies et systématiques destinées à donner confiance en l'obtention de la qualité requise (ISO 84-021). Ces *dispositions* peuvent faire l'objet d'un contrat.

Chef de projet   représentant *unique* de la maîtrise d'oeuvre vis à vis de la maîtrise d'ouvrage. Le *chef de projet* peut être *interne* ou *externe* à l'entreprise.

Comité de direction de l'informatique   instance permanente des décision de la *politique informatique* d'un organisme.

Diriger un projet

Comité directeur d'un projet instance de *décision* de la *maîtrise d'ouvrage* représentant la hiérarchie d'un domaine ou d'un ensemble de domaines de gestion constituée pour un projet. Le comité directeur se réunit à chaque fin de phase ou à chaque fin d'étape importante (schéma directeur, étude préalable).

Comité exécutif (comité de pilotage) *d'un projet* instance de *pilotage* spécifique à un projet. Le comité exécutif se réunit périodiquement ; en général : une fois par mois.

Contrôle qualité activité qui vise à *vérifier la qualité* d'un produit sur la base d'exigences spécifiées :

Directeur de projet représentant *unique* de la *maîtrise d'ouvrage* vis à vis du maître d'œuvre, qui doit être un spécialiste du *domaine*.

Domaine ensemble de *procédures de gestion* concourant aux mêmes finalités, placées sous une direction homogène et présentant une certaine indépendance par rapport aux autres procédures.

Étape (Étape NORmalisée, phase MERISE ou tâche SDM/S) : découpage d'une *phase* correspondant à la *production de résultats intermédiaires* qui font l'objet de *contrôles* et de *validations*. Le découpage d'une *phase* en *étapes* dépend de la méthode de conception adoptée.

Facteur Qualité   thème sur lequel se fonde la satisfaction de l'utilisateur.

Généralisation   processus de *mise en place* progressive du système sur tous les *sites* utilisateurs.

Groupe d'experts   instance *consultative* spécifique à un projet regroupant des *experts* fonctionnels ou techniques sur un sujet donné.

Groupe de projet   instance du projet qui *gère* et assure l'ensemble
équipe de projet   des *actions opérationnelles* sous la direction du maître d'œuvre. Dans certains cas, un *groupe de projet* peut se *scinder* en plusieurs équipes qui fonctionnent en parallèle (ex. équipe de réalisation lot 1, équipe de réalisation lot 2, équipe de qualification), le groupe de projet regroupe alors l'ensemble des moyens dédiés au projet.

Groupe utilisateurs   *d'un projet* : instance de travail, spécifique à un
comité utilisateurs   projet, représentant les *utilisateurs* du système et dont les responsabilités sont d'exprimer les besoins des utilisateurs finals et de valider les solutions proposées par le groupe de projet au plan fonctionnel. Les *groupes utilisateurs* sont constitués pour *chaque étape* d'étude : *schéma directeur, étude préalable, étude détaillée.*

303

Diriger un projet

Les groupes utilisateurs n'ont *pas de responsabilités* au plan technique, ni au plan du pilotage du projet. Les orientations fonctionnelles importantes doivent être validées par le *comité exécutif* ou le *comité directeur*.

Maître d'œuvre personne morale ou organisme chargé de la réalisation du projet. *Missions générales* : le maître d'œuvre *identifie* et *planifie* les tâches à réaliser, *détermine* les moyens *humains* et *matériels* nécessaires à la conduite du projet, *réalise* les travaux *d'étude* et de *réalisation*, fournit au directeur de projet les logiciels prêts à l'emploi. Le *maître d'œuvre* rend compte au directeur de projet de *l'avancement* du projet et lui soumet les éléments de *choix* de son ressort.

Maître d'ouvrage personne morale (organisme) qui va devenir *attributaire* et *pour le compte de qui* le projet est réalisé. *Missions générales* : le maître d'ouvrage définit les objectifs du projet et les besoins fonctionnels en regard de ces objectifs, fixe le cadre des travaux confiés au maître d'œuvre, s'assure du financement du projet, recette les prestations fournies par le maître d'oeuvre et organise la formation des utilisateurs.

Manuel qualité document décrivant les dispositions générales prises par l'entreprise pour obtenir la *qualité* de ses *produits* ou de *services*.

Le *Manuel Qualité* doit consolider le savoir-fai-re de l'ensemble de l'entreprise. L'activité de réalisation du logiciel étant complexe le ma-nuel qualité peut porter sur le logiciel uniquement ou sur le logiciel, le matériel et les services.

Maquettage

travail de *conception* consistant à représenter sur écran ou sur papier la *vue d'un écran* ou d'un état (voir *prototypage*).

Phase

(*Phase* NORmalisée, *Étape* MERISE ou *phase* SDM/S) : ensemble de travaux répondant à un objectif *commun* dont l'exécution est décidée globalement et dont les résultats doivent être *validés* avant d'entamer d'autres travaux. Une *phase* correspond à une *unité d'engagement* de travaux. Chaque point d'interruption possible marque une décision d'engagement explicite de la direction : poursuite *immédiate*, arrêt, pour-suite *différée* du projet. Chaque phase corres-pond à une unité de sous-traitance.

Plan qualité logiciel

(ou plan *d'assurance* qualité logiciel). *Abrévia-tions* PQL ou PAQ) : document décrivant les dispositions spécifiques prises par une entre-prise pour *obtenir la qualité* du *produit* ou du *service* considéré. Le *produit* dont il est question est un *logiciel*, un *progiciel* ou une *application*.

Diriger un projet

Projet   ensemble cohérent d'activités :
- développé pour atteindre un objectif défini dans un domaine fonctionnel ;
- placé sous la responsabilité d'un responsable disposant de moyens définis.

Prototypage   le *prototypage* va au-delà du *maquettage* : il vise à *produire une partie de l'application* et permet de *simuler* l'enchaînement d'écrans. Le prototypage est réalisé en utilisant l'environnement de réalisation *cible*.

Qualité   aptitude d'un produit ou d'un service à *satisfaire* les besoins des utilisateurs (NF X 50-109 et ISO 9000)

Site pilote   premier site utilisateurs sur lequel le système est installé.

Sous-projet   découpage *fonctionnel*, *technique* ou *budgétaire* d'un projet.

Système d'information   ensemble cohérent de *procédures* et de *moyens* s'alimentant à des sources d'information, traitant cette information, délivrant une information valorisée à différents acteurs ou d'autres systèmes d'information. Un système d'information est organiquement constitué de modules de traitement de l'information automatisée ou non et de réseaux de transport de celle-ci.

Tâche	activité correspondant à un centre d'intérêt confié à un responsable. *Une tâche peut se décomposer en autres tâches.*
Vérification d'aptitude	*(VA)* contrôle sur *jeu d'essai* de la *conformité* du système par rapport au *cahier des charges* de réalisation.
Vérification de service régulier	*(VSR)* contrôle en *exploitation réelle* de la *conformité* du système.

Collection informatique

les Éditions J.C.i. inc. vous proposent, entre autres, les ouvrages suivants : **MERISE et AMC*DESIGNOR**, un atelier de génie logiciel pour modéliser les systèmes d'information et **INFORMATIQUE et TECHNIQUES ASSOCIÉES** - *Préparation aux concours et examens.*

Cet ouvrage rappelle la méthode MERISE destinée à modéliser les données et traitements lors de l'analyse d'un système à informatiser avant d'aborder l'Atelier de Génie Logiciel AMC*Designor.

S'appuyant sur un exemple simple d'analyse, l'auteur explique pas à pas comment utiliser les différents modules d'AMC*Designor : modèle conceptuel et physique de données, modèle conceptuel de communications, modèle conceptuel et organisationnel des traitements, dossiers d'analyse, Reverse Engineering, etc. Chaque étape est illustrée d'une copie d'écran. Cet ouvrage complète DIRIGER un PROJET INFORMATIQUE du même auteur dans la même collection,
ISBN 2-921599-22-8   188 pages

Ce livre (4ème édition de "INFORMATIQUE : Les bases") est un véritable outil de veille technologique. Il a été conçu pour les étudiants qui veulent en savoir plus sur cette matière et pour les utilisateurs de micro-ordinateurs. Il constitue une base de référence et contient des définitions claires et concises. Tout le domaine informatique est couvert : unités de mesure, représentation des données, architectures, systèmes d'exploitation, logiciels, langages, interfaces, périphériques, Internet, réseaux, groupwares, sécurité, virus, métiers, normes...
Il permet de préparer les épreuves, examens, contrôle des connaissances en informatique et concours (scolaires, administratifs et privés).

ISBN 2-921599-44-9   442 pages

BIBLIOGRAPHIE

Conception d'un système d'information (la méthode AXIAL), P. Pellaumail, les Éditions d'Organisation-Paris, 86

Conception des systèmes d'information : la méthode REMORA, C. Rolland, O. Foucaut, G. Benci, Eyrolles-Paris, 86

Conduite de projets informatiques, J. Moréjon, J.R. Rames, Inter-éditions-Paris, 93

Conduite de projets informatiques, Norme AFNOR Z67-101, 84

Fundamentals of a discipline of comuter program and system designs, E. Yourdon, L. Constantine, Prentice-Hall-USA, 75

Guide de direction de projets, Ministère de la défense, SGA/DAG/SDI, Paris, 92

Information Systems Design Methodologies : a comparative review / a feature analysis et improving a practice, T.W. Olle, H.G. Sol, C.J. Tully, IFIP workgroup (actes), Royaume-uni, Pays-bas, Amsterdam, 82, 83 et 86

La méthode Merise - Tome I - Principes et outils, A. Rochfeld, H. Tardieu, R. Colletti, les Éditions d'organisation-Paris, 89

La méthode Merise - Tome III - Gamme opératoire, A. Rochfeld, J. Moréjon, Les Éditions d'organisation-Paris, 89

La modélisation de systèmes complexes, J.L. Le Moigne, AF-CET/Dunod-Paris, 90

La théorie du système générale, théorie de la modélisation, J.L. Le Moigne, PUF-Paris, 77-84

Le mode projet, Groupe Descartes, Dunod-Paris, 92

Diriger un projet

Managing the system life-cycle, E. Yourdon, Yourdon Press, 82

MERISE : an Information System Design and Development Methodology, A. Rochfeld, H. Tardieu, Information et Management, North-Holland, 83

MERISE, 1.Méthode de conception, A. Collongues, J. Hugues, B. Laroche, Dunod-Paris, 86

Méthodologies pour les systèmes d'information, Guide de référence et d'évaluation, T.W. Olle, H.G. Sol, J. Hagelstein, I.G. Macdonald, C. Rolland, F.J.M. Van Assche, A.A. Verrijn-Stuart, AFCET/Dunod-Paris, 90

Recommandation de Plan Qualité Logiciel, Norme AFNOR Z67-130, 87

Schéma directeur de l'informatique, RACINES, La documentation Française, 82

Séminaire sur les systèmes ouverts, NCR-AT&T, Paris, 93

Séminaire sur la gestion des projets informatique, CAP-SESA Institut- Paris, 92

Standard for Software Quality Assurance Plans, ANSI, IEEE-731, 81

Structured Analysis and System Specification, T. De Marco, Prentice-Hall-USA, 79

System Development, M.A. Jackson, Prentice-Hall-USA, 83

Sans oublier une partie des livres que j'ai déjà écrit, une vingtaine d'année d'expérience, plusieurs stages, séminaires, conférences, groupes de travail, et j'enpasse ! Ainsi que l'aide précieuse et les conseils de quelques amis, experts en la matière, ce dont je les en remercie vivement.

INDEX

Diriger un projet

315

Diriger un projet

316